Hanna Rein

Die bunten Federn
Geschichten und Gedichte

Hanna Rein

Die bunten Federn

Geschichten und Gedichte

mit 16 Aquarellen und
5 Linolschnitten der Autorin

Bibliographische Information der Deutschen Nationalbibliothek:
Die Deutsche Nationalbibliothek verzeichnet diese Publikation in der
Deutschen Nationalbibliographie, detaillierte bibliographische Daten
sind im Internet über http://dnb.dnb.de abrufbar

© 2016 Dr. Detlev Rein
und Barbara Schröder

Foto der Autorin: Marita Seibert-Ertl

Herstellung und Verlag:
BoD – Books on Demand, Norderstedt

ISBN 9783739234137

Inhalt

Vorwort	8
Das Leben geht weiter	9
Die Geschichte zur Geschichte – oder: Wie eine Geschichte entsteht und was daraus wird	10
Wer ich bin	20
Es war an einem Samstag – oder: Die möblierte Studentin, die Zimmerwirtin und ein wild gewordener Liebhaber	21
Frühlingskinder – oder: „Ich bin eine normale Fee"	25
Zeit	29
Lachen	30
Haarfarben	31
Das Glück	35
Rundgang durch Bonn	36

Andere Länder – andere Sitten	46
Ferientage auf den Äußeren Hebriden	49
Am Meer	56
Irish Music	57
Sark	60
Zwei Bäume im Wind	64
Wohnen wie Gott in Frankreich	65
Die Parkbank	75
Symi – „A room with a view"	76
Rosen	82
Herbstzeitlose	83
Wegwarte	83
Mohn	84
Eine Rose im Dezember	85
Die bunten Federn – ein modernes Märchen	86

Die schwarzen Tage	94
Graue Tage	95
Sehnsucht – Blaue Tage	96
Tage in Rot	97
Gelbe Tage	98
Der Clown	99
Wie ein Vogel	104
Traum	105
Treppenstufen	106
Frieden – mit wem?	107
Das Jahr	108
Wenigstens	109
Leichtigkeit	110
Veröffentlichungen von Hanna Rein	111

Vorwort

Nach der Veröffentlichung ihres ersten Buches „Zufall oder nicht? Geschichten von Begegnungen – aber auch von Kunst und Mode" im Frühjahr 2014 wollte Hanna Rein einen weiteren Band herausgeben. Eine schwere Erkrankung machte dies unmöglich; sie starb am 29. Oktober 2015.

Auf Vorschlag ihrer langjährigen Freundin Dr. Maria Uleer, die freundlicherweise auch das Lektorat übernommen hat, habe ich aus dem Nachlass von Hanna Prosa und Lyrik, Aquarelle und Linoldrucke zusammengestellt. Sie ergeben einen guten Überblick über ihr literarisches und künstlerisches Schaffen in den letzten 20 Jahren.

Die Sammlung beginnt mit einem Gedicht von Hanna, das ich bei ihrem Trauergottesdienst vorgetragen habe.

Detlev Rein

Das Leben geht weiter

„Das Leben geht weiter"
Sagen die andern…
Meine Uhr bleibt stehn.

Die Geräusche gedämpft
Die Farben verblasst
Rot und Blau
Gerinnen zu Grau.

Der Tod kam leise
Er trennte – er verband uns
Ich bleibe zurück
Unbeweglich in dunkler Hülle.

„Das Leben geht weiter",…
Aber wohin?
Ohne dich?
Ohne mich?

Was bleibt?
Das Bild von dir
Deine Sicht der Dinge
Verbindet uns.

„Das Leben geht weiter"
Morgen mache ich
Den ersten Schritt.

Die Geschichte zur Geschichte – oder: Wie eine Geschichte entsteht und was daraus wird

Ich traf Helga im Juni 2007 bei der Geburtstagsfeier einer gemeinsamen Schulfreundin. Wir drei waren vor über 40 Jahren zusammen zur Schule gegangen.

„In der nächsten Woche beginnt die Documenta, hast du Lust nach Kassel zu kommen?"

Ich nahm ihre Einladung gern an. Außer meinem Interesse an moderner Kunst habe ich noch einen weiteren Grund, nach Kassel zu fahren: Ich bin in Kassel geboren und fühle mich mit der Stadt verbunden, obwohl ich nur wenige Kindheitserinnerungen an die damalige Zeit habe.

Bevor ich nach Kassel fuhr, informierte ich mich darüber, was mich dort erwarten würde: Einzelne Künstler planten Aktionen, in die die Stadt einbezogen wurde. Es entstanden Reisterrassen vor dem Schloss Wilhelmshöhe, der Platz vor dem Fridericianum sollte in ein Mohnfeld verwandelt werden, der chinesische Aktionskünstler Ai Wei Wei ließ 1001 Chinesen mit identischen Koffern nach Kassel fliegen; außerdem errichtete er einen Turm aus alten Türen. Zum ersten Mal sollte sich auch ein Koch an der Documenta beteiligen, Ferran Adriá, der bekannteste Vertreter der Molekularküche, der in Barcelona ein Restaurant führt.

Als ich nach Kassel kam, stand das Mohnfeld in voller Blüte, der Turmbau des chinesischen Künstlers war bei einem Sturm zusammengesackt und die Chinesen mit den Koffern waren wieder abgereist. Der Molekularkoch hatte seine Teilnahme an der Documenta kurzfristig abgesagt, stattdessen bot er an, in seinem Restaurant einen Tisch für Documenta-Besucher zu reservieren. Der Organisator der Ausstellung wollte dafür sorgen, dass die Gäste nach dem Zufallsprinzip ausgewählt würden. Den Transfer zum Flughafen und den Flug sollten Sponsoren übernehmen.

Ich machte mich mit Helga auf den Weg zu den Ausstellungshallen. Es gab wenige gemalte Bilder, mehr Installationen, Videos und Foto. Mich berührte die Fotoserie einer englischen Künstlerin. Unter dem Titel „Fototherapie gegen Brustkrebs" machte sie ihre Krankheit zum Thema, sie dokumentierte sie mit Aufnahmen und Texten und prangerte die in ihren Augen unpersönliche Behandlung durch die Krankenhausärzte an. Aus ihrem Lebenslauf ging hervor, dass sie den Krebs trotz alternativer Heilmethoden nicht überlebt hatte.

Mit Helga blieb ich vor einem großen Stück aufgespanntem Stoff stehen. Es erinnerte an ein Betttuch, das lange im Schrank gelegen hat und nun an den Stellen, an denen es gefaltet war, vergilbt war.

„Es sieht aus wie ein Leinentuch meiner Großmutter", kommentierte ich.

Wir fragten uns, was sich der Künstler wohl dabei gedacht hatte.

„Würdest du das bei dir zu Hause aufhängen?" „Wohl eher nicht".

Wir waren in unser Gespräch vertieft, als uns eine junge Frau ansprach. „Haben Sie am nächsten Freitag Zeit? Ich möchte Ihnen ein Angebot machen."

Ich hatte am nächsten Freitag schon eine Kurzreise geplant, ging einen Schritt zurück und überließ die weiteren Absprachen meiner Freundin. Sie und ihr Mann erhielten eine Einladung zu Ferran Adrià. Sie würden am Freitagmorgen zu Hause abgeholt und zum Flughafen gebracht werden. Abends stellte ihnen der berühmte Koch ein Menü mit etwa 30 Gängen zusammen, sie würden in einem nahegelegenen Hotel übernachten und am nächsten Tag wieder nach Hause fliegen.

Als wir wieder in die Wohnung zurückkehrten, wollte uns Helgas Ehemann unsere Begegnung zunächst nicht glauben.

Am Abend zuvor hatten wir beim Essen über diesen Koch gesprochen. Meine Gastgeber hatten mir von ihrer Nachbarin berichtet, die auf der Documenta angesprochen und nach Barcelona eingeladen worden war. Helgas Mann hatte gesagt, dass er später vielleicht auch einmal mit seiner Frau zu diesem Koch fahren würde.

Wieder zu Hause, erzählte ich meiner Familie und meinen Freunden von dieser Begebenheit. Außerdem fragte ich mich, warum gerade wir ausgesucht worden waren; die Documenta hatte immerhin über 600 000 Besucher.

An dem Freitag, als Helga und ihr Mann nach Barcelona flogen, fuhr ich nach Flensburg zur Taufe meines zweiten Enkelkindes.

Im Fernsehen sah ich später einen Bericht über Ferran Adrià und sein Restaurant, seine Küche ähnelte einem Chemielabor. Er entsaftete verschiedene Gemüse und verarbeitete sie mit Gelatine zu einer farbigen Gemüseplatte. Auch Kaninchenohren und gefüllte Milchhaut standen auf seiner Speisekarte. Inzwischen hat er sein Restaurant geschlossen.

Über den chinesischen Aktionskünstler las ich, dass er in seiner Heimat verfolgt wurde. Einmal hatte man ihn vor einer Europa-Reise krankenhausreif geschlagen, ein anderes Mal sein Atelier zerstört.

Ich hatte angefangen, Gedichte zu schreiben. Gedichte hatten mich schon immer begeistert: als Schülerin, als Studentin und später als Deutschlehrerin. Meine frühere Kollegin und Freundin Maria schrieb Prosatexte, gelegentlich ging ich zu einer ihrer Lesungen. Sie fragte mich, ob ich Lust hätte, an einem Volkshochschulkurs in Sankt Augustin teilzunehmen. Dort trafen sich Hobby-Autoren und lasen ihre Texte vor. Ich meldete mich an und erfuhr bald, dass Gedichte nicht gefragt seien. Einmal im Jahr gibt es eine öffentliche Lesung zu einem bestimmten Thema, im Herbst 2008 sollte es das Thema „Geschmackssache" sein. Mir fiel mein Besuch auf der Documenta ein und ich dachte, dass das zum Thema passte: Die auf der Documenta gezeigte Kunst polarisiert auch die Kunstinteressierten und die Molekularküche ist nicht jedermanns Geschmack. Ich schrieb einen kleinen Text mit dem Titel „Kunst und Kochkunst" über meine Erlebnisse in Kassel.

Noch neu im Kurs, meldete ich mich zum Vorlesen. Hier äußerte jeder seine Meinung zu dem Text. Nach einigen zustimmenden Bemerkungen sagte mir eine Teilnehmerin, dass mein Text völlig ungeeignet sei, er sei nicht stringent und überhaupt – er sei gar keine Kurzgeschichte. Was eine Kurzgeschichte ist, weiß ich auch – ich hatte gar keine schreiben wollen. Der nächste Kommentar fiel heftiger aus:

„Jetzt aber mal Schluss mit den Streicheleinheiten", begann der Hobbydichter, „bei der Geschichte ist ja alles angelesen."

Ich hatte keine „Streicheleinheiten" erwartet, sondern eine faire Kritik. Hierzu wusste ich nichts mehr zu sagen, ich spürte einen Schmerz in der Magengegend.

„Du könntest deine Geschichte ja umbauen", sagte mir der Kursleiter. Aber wie? Verletzt und traurig fuhr ich an diesem Abend nach Hause.

Aber so schnell wollte ich mich nicht unterkriegen lassen. Am nächsten Tag setzte ich mich an den Schreibtisch und vereinfachte die Geschichte: Ich verkürzte sie, ließ die Namen der Künstler weg, baute ein paar witzige oder ironische Stellen ein, an denen das Publikum lachen könnte.

Im Laufe der Woche merkte ich aber, dass ich Angst hatte, in diesem Kreis noch einmal etwas vorzulesen. Ich rief Maria an und sagte ihr, dass ich nicht mehr zu dem Kurs kommen würde.

„Du hast doch den Kurs bezahlt, komm doch einfach weiter und hör nur zu."

Auf die Idee war ich nicht gekommen. Ich ging weiter zu dem Kurs, las aber nichts mehr vor. Meinen abgeänderten Text reichte ich beim Veranstalter der „Nacht der Poeten" ein und trug ihn an dem Abend vor – auch wegen der vorangegangenen Kritik. Ich freute mich über den Applaus der Zuhörer. Einige sprachen mich auch auf die Documenta an. In den VHS-Kurs wollte ich nicht mehr gehen.

Ich hatte bei anderen Lesungen gehört, dass sich im Frauenmuseum schreibende Frauen treffen. Ich rief Anfang 2009 dort an und konnte gleich am nächsten Tag beim „Literaturatelier" teilnehmen. Ich erzählte Maria davon und fragte sie, ob sie mitkommen wolle.

Inzwischen schreibe ich überwiegend erfundene Geschichten. Eine frühere Kollegin schlug mir vor, eine Geschichte an eine Kölner Zeitung zu schicken, in deren Wochenendbeilage kleine, selbst erlebte Geschichten von Lesern abgedruckt werden. Mitte September 2010 sandte ich meine Documenta-Geschichte an die angegebene Mail-Adresse. Kurz darauf erhielt ich die Mitteilung, dass man die Datei nicht öffnen könne. Auch ein zweiter Versuch scheiterte. Ich bat meinen Mann, den Text von einem anderen Rechner aus zu schicken, er versuchte es in drei verschiedenen Versionen. Nun hörte ich erstmal nichts mehr von der Zeitung.

Nach zwei Monaten erhielt ich eine Mitteilung. Eine Redakteurin schrieb mir, dass ihr mein Text gut gefallen habe, er sei aber zu lang und müsse um die Hälfte gekürzt werden. Ich willigte ein – auch wenn danach nicht mehr viel von der „Kunst" und der „Kochkunst" übrig blieb. Sie vereinbarte mit mir einen Fototermin, Treffpunkt war der Heinzelmännchenbrunnen in Köln. Wann der Text abgedruckt werden würde, konnte sie mir nicht sagen. Sie meinte, die Zeitung würde mich vorher informieren.

Mitte Januar 2011 hatte mein Mann an einem Montagmorgen einen Arzttermin in Bornheim. In der Praxis kursierte gerade die Wochenendbeilage der Zeitung mit meiner Geschichte und dem Foto. Beim Zeitungshändler, der gerade die Remittenden in einen Karton packte, erhielt mein Mann kostenlos ein Exemplar vom Samstag.

In den nächsten Tagen sprachen mich ein paar Bekannte auf meinen Text an. Zehn Tage nach Erscheinen der Geschichte erhielt ich einen Anruf. „Hier Schiller", meldete sich eine männliche Stimme.

Auf dem Display sah ich, dass die Telefonnummer unterdrückt war. Sollte das vielleicht ein Witz sein, weil ich in der Lessingstraße wohne? Herr Schiller sagte mir, dass er mein Foto in der Zeitung gesehen habe und mich gerne treffen würde. Ich glaubte, meinen Ohren nicht zu trauen. Ich hatte schließlich keine Kontaktanzeige aufgegeben, sondern nur eine kleine erlebte Geschichte an die Zeitung geschickt.

„Nur eine Minute", fügte er noch hinzu.

„Wieso das denn?", fragte ich ziemlich erstaunt.

„Ich möchte wissen, ob Sie die Frau sind, der ich schon einmal begegnet bin."

„Wann und wo?", fragte ich kurz zurück.

Er glaubte, mich vor eineinhalb Jahren in zwei nahegelegenen Supermärkten gesehen zu haben. Herr Schiller konnte natürlich nicht wissen, dass ich die großen Supermärkte nicht mag und man mich eher beim Bio-Bauern treffen könnte.

„Ich kann Ihnen mit Sicherheit sagen, dass ich nicht die von Ihnen gesuchte Frau bin, denn ich gehe nie in diese Einkaufszentren."

Herr Schiller wünschte mir noch einen schönen Tag und das Gespräch war beendet. Ich dachte, damit wäre auch die Geschichte beendet.

Aber: Etwa 14 Tage später erhielt ich wieder einen Anruf. Wieder der Herr Schiller. „Am Freitag habe ich Sie gesehen, als Sie gerade von dem Bio-Hof kamen. Sie fuhren mit dem Auto, ich kam zu Fuß. Das waren Sie doch?"

Ich konnte es nicht leugnen, das war ich. An einen Fußgänger konnte ich mich jetzt nicht erinnern. Ich fühlte mich verfolgt.

„Sind Sie gut zu Fuß? Ich bin im Eifelverein und donnerstags machen wir Wanderungen von 15 km. Da könnten Sie doch mal mitkommen."

In meiner Geschichte hatte ich nicht erwähnt, dass ich verheiratet bin, und das immerhin seit 40 Jahren.

„Das würde ich sowieso nicht schaffen", sagte ich ihm, „außerdem wandere ich am Wochenende mit meinem Mann."

Damit war das Gespräch beendet – und die Geschichte nun endgültig auch.

Wer ich bin

Bin ich vielleicht der Frosch auf der Butter?
Brauche ich einen neuen Hut?
Ich bin Schwester, Tochter, Oma und Mutter –
Als Frosch auf der Butter geht es mir gut.

Ich bin Freundin, Geliebte und Frau.
Brauche ich Strümpfe, Schuhe und Kleider?
Meine Lieblingsfarbe ist Blau.
Ich habe schon alles – leider.

Es war an einem Samstag – oder:
Die möblierte Studentin, die Zimmerwirtin und ein wild gewordener Liebhaber

Ich hatte 1969 mein drittes Studentenzimmer bezogen. Es lag in Beuel, nicht weit vom Rheinufer entfernt, im dritten Stock eines neueren Mietshauses.

Meine Vermieterin schätzte ich auf Mitte vierzig, sie hatte eine füllige Figur. Sie war früh Witwe geworden. Im Haus ihres Onkels hatte sie eine Dachgeschosswohnung bezogen, von den drei Zimmern wollte sie eins vermieten. Das Zimmer gefiel mir und meine neue Vermieterin war mir sympathisch.

Der Raum war mit einer klappbaren Couch ausgestattet, man konnte sie zum Bett umfunktionieren. Davor stand ein Couchtisch, der mir als Esstisch und Schreibtisch diente. Er hatte eine Platte aus Marmorimitat, die man an einer Kurbel hoch- und runterdrehen konnte. Drei Cocktailsessel und eine Blumen-Etagere vervollständigten das Ensemble. Es gab noch einen einfachen Kleiderschrank in Holzoptik und einen leeren Fernsehschrank mit Jalousietüren. Dort hatte ich mit Elementen des Stabilbaukastens meines Vaters ein Zwischenbrett eingelegt, um Geschirr unterzubringen. Durch das schräge Dachfenster mit den schweren weinroten Vorhängen konnte ich ein Stück vom Himmel über Beuel sehen. Meine Küche bestand aus einem

Camping-Klapptisch und zwei Kochplatten, die mir eine Freundin geliehen hatte. Ich konnte den Kühlschrank meiner Vermieterin benutzen. Um in die Küche zu gelangen, musste ich allerdings durch ihr Wohnzimmer gehen. Das Bad, ein Innenbad mit rosa Kacheln, stand mir natürlich auch zur Verfügung. Im Waschbecken spülte ich meine Tassen und meine Teller.

Meine Zimmerwirtin hatte einen sehr geregelten Tagesablauf: Sie stand morgens um sechs Uhr auf, verließ um sieben Uhr sehr leise die Wohnung, um zur Arbeit zu gehen. Gegen 18 Uhr kam sie nach Hause. Nach dem Abendessen sah sie fern und ging um 21.45 Uhr ins Bett. Da ich später aufstand und auch später meine Couch in ein Bett verwandelte, kamen wir uns nicht in die Quere.

Samstags morgens kaufte sie schon ziemlich früh ein, manchmal ließ sie sich beim Friseur die Haare legen, anschließend putzte sie die Wohnung.

Eine kleine Änderung ergab sich auch für mich, als ein erster Freund oder Liebhaber meiner Vermieterin auftauchte: Ich bekam einen eigenen kleinen Kühlschrank, der einen Platz unter dem Campingtisch fand. Nun musste ich nicht mehr – vor allem abends – durch das Wohnzimmer meiner Vermieterin gehen.

Ich sah die neuen Partner fast nie, hörte nur manchmal die Stimme eines Mannes. An einem Samstagmorgen wurde ich durch energisches Klingeln geweckt. Etwas schlaftrunken ging ich zur Wohnungstür, öffnete sie aber nicht.

„Marlene, Marlene, mach auf!", rief es von draußen.

„Ich weiß gar nicht, ob Frau Winterscheid zu Hause ist", antwortete ich. Ich wusste es wirklich nicht, denn ich hatte ja bis eben geschlafen. Sie konnte das Haus verlassen haben oder auch noch im Bett sein – vielleicht mit einem anderen Mann.

„Dann gucken Sie nach, ob sie da ist", rief der Mann von draußen und trommelte mit den Fäusten gegen die Tür. Wie gut, dass die Wohnung eine Feuerschutztür aus Eisen hatte.

„Das werde ich nicht tun", antwortete ich.

Da ich jetzt schon einmal aufgestanden war, ging ich ins Bad, um zu duschen und die Haare zu waschen. Ich hatte gerade das Shampoo auf meinem Kopf verteilt, als das Licht ausging. Der Herr da draußen hatte den Strom abgestellt. Der Sicherungskasten befand sich außerhalb der Wohnung, neben der Wohnungstür.

Das war jetzt wirklich eine Unverschämtheit! Er bearbeitete die Eisentür weiterhin mit seinen Fäusten und rief: „Marlene, Marlene, lass mich rein!"

Vorsichtig stieg ich aus der Wanne, tastete mich im Dunkeln bis zur Badezimmertür und gelangte durch den Flur in mein Zimmer. Den Mann vor der Tür beachtete ich nicht weiter.

Am späteren Vormittag hörte ich dann, wie meine Zimmerwirtin in Begleitung eines Mannes nach Hause kam.

„Marlene, ich hab geklingelt wie ein Varrickter", sagte die männliche Stimme auf dem Flur, die ich wiedererkannte. Damit hatte er Recht.

Es muss wohl Liebe gewesen sein, denn später haben die beiden geheiratet. Sie zogen in die erste Etage in eine größere Wohnung.

Ich hätte auch ausziehen müssen, wollte mir aber nicht schon wieder etwas Neues suchen. Mein Freund wohnte auch möbliert. Wir beschlossen, zusammenzuziehen: Vorher mussten wir allerdings heiraten, denn eine „wilde Ehe" hätte der Hausbesitzer damals nicht geduldet.

Frühlingskinder – oder: „Ich bin eine normale Fee"

Wer ist ein Frühlingskind?

Jemand, der im Frühling Geburtstag hat. Nach dieser Definition war ich auch ein Frühlingskind. Ganz sicher passt die Bezeichnung zu meiner jüngeren Enkelin Lucia. Im letzten Jahr haben wir unsere Geburtstage am selben Tag gefeiert – allerdings trennen uns 61 Jahre und etwa 600 Kilometer. Sie lebt an der Ostsee, ich wohne im Rheinland.

Lucia ist vier Jahre alt geworden. Ich habe versucht, mich an die Zeit zu erinnern, als ich vier Jahre alt war.

Im Jahr 1952 zog ich im Alter von vier Jahren mit meinen Eltern und meinem Bruder aus einer noch vom Krieg beschädigten Zweizimmerwohnung in Kassel in eine Dreizimmerwohnung in Krefeld am Niederrhein, weil mein Vater dort eine Arbeit gefunden hatte. Mein Bruder und ich hatten kein eigenes Zimmer, unsere Betten standen im Schlafzimmer der Eltern. Die Wohnung hatte weder ein Bad noch eine eigene Toilette. Es gab keine Heizung, sondern einen Kohleherd in der Küche und einen Ofen im Wohnzimmer. Das Schlafzimmer wurde nicht geheizt, dort blühten im Winter die Eisblumen am Fenster.

Statt eines Gartens hatten wir einen kleinen Hinterhof mit einem Platz zum Trocknen der Wäsche und einer Teppichstange. Hier standen auch die Mülltonnen. Möglichkeiten zum Spielen gab es dort kaum, dafür spielten wir auf der Straße. Die Bürgersteige waren breit, es fuhren damals nur wenige Autos. Auf den ganz ruhigen Straßen konnte man wunderbar Rollschuhlaufen. Die Hauswände eigneten sich für verschiedene Ballspiele, die großen unregelmäßigen Pflastersteine waren beliebt für Hüpfspiele wie Himmel/Hölle. Oft hatten wir Stoffsäckchen mit Murmeln bei uns. Rund um die Straßenbäume machten wir mit dem Schuhabsatz kleine Vertiefungen in die verfestigte Erde, um mit den Kugeln aus Ton oder Glas zu spielen. Spannend für uns Kinder waren die Trümmergrundstücke in der Straße und auch die verwilderten Gärten. Hier stellten wir uns vor, in einem Urwald zu sein.

Meine Freundin hatte ich auf der Straße kennengelernt. Sie besaß einen Puppenwagen, in dem wir unsere Puppen um den Häuserblock spazieren fuhren. Wir gingen auch bis zu einer nahegelegenen Grünanlage, setzten uns auf die Wiese und taten so, als ob wir frühstückten.

Im Gegensatz zu meiner Enkelin bin ich nicht in einen Kindergarten gegangen. In ihrem Leben spielt der Kindergarten seit ihrem dritten Lebensjahr eine große Rolle. Die Erzieherinnen spielen, singen und turnen mit den Mädchen und Jungen. Sie machen kleine Ausflüge mit den Kindern und laden den Verkehrskasper ein, einmal in der Woche wird von den Kindern ein gemeinsames Frühstück vorbereitet, vor Weihnachten wird gebastelt und es werden Plätzchen gebacken.

Lucia ist mit ein paar Kindern befreundet, von ihnen wird sie zu den Geburtstagen eingeladen. Die Kindergeburtstage haben meist ein bestimmtes Motto – oft nach einer Märchenfigur oder nach einem Tier aus dem Bilderbuch, so geht es um den Grüffelo oder um Elmar, den bunten Elefanten. Alles ist bei einer solchen Geburtstagsfeier aufeinander abgestimmt: die Dekoration, die Torte, die Spiele und das Basteln. Rechtzeitig vorher gibt es eine schriftliche Einladung. Wichtig ist, dass hinterher jeder Gast auch wieder ein kleines Geschenk mit nach Hause nimmt.

An den Nachmittagen hat Lucia nicht immer frei, sie geht zum Schwimmen, zum Turnen oder in die Musikschule. Auf ihrer Blockflöte kennt sie bisher vier Töne: das C, das A, das H und das D, sie nennt sie den Clownton, den Affenton, den Hasenton und den Dackelton. Bei der gemeinsamen Aufführung eines Gespensterstückes vor den Eltern in der Musikschule spielte sie die vier Töne, die sie beherrschte. Bis sie drankam, hockte sie geduldig eine halbe Stunde auf dem Fußboden im Blickwinkel der Musiklehrerin.

Manchmal macht sie sich Gedanken über die Zukunft. Sie fragte ihre Mutter, ob ihre ältere Schwester Elisa ihr ihre Adresse mitteilen würde, wenn sie verheiratet wäre.

Darauf sagte ihr Bruder Julian, sechs Jahre alt: „Dann musst du da zuerst anrufen, du musst ja vorher ihren Mann kennen lernen."

Mit der Antwort gab sich Lucia zufrieden.

Ihre Lieblingsbücher handeln von Prinzessinnen, Elfen, Feen und Einhörnern. Diese Welt ist für sie real.

„Mama, kann Phantasie auch Wirklichkeit werden?", erkundigte sie sich.

Vor kurzem machten wir einen Spaziergang im Siebengebirge, sie sprang voller Freude in eine große Pfütze, dass es nur so spritzte.

„Lucia, du bist ein Schweinchen", sagte der Opa.

„Ich bin kein Schweinchen, ich bin eine Fee", erklärte sie.

„Dann bist du eine Schmutzfee."

„Ich bin keine Schmutzfee, ich bin eine normale Fee."

Dem hatten wir nichts mehr hinzuzufügen.

Zeit

Ich wünschte, ich könnte die Zeit zurückdrehen,
die Welt mit deinen Augen sehen,
vieles versuchen und vieles probieren
und dabei nicht die Geduld verlieren.

Angst vor der Zukunft würd' ich nicht kennen,
leichtfüßig über die Wiesen rennen,
mich erfreuen an Tannenzapfen,
mit Gummistiefeln durch Pfützen stapfen.

Ich nähme die kleinen Dinge wichtig,
es wäre egal, ob falsch oder richtig.
Ich wüsste, wie schön Entdeckungen sind –
ich kann noch viel von dir lernen, mein Kind.

Lachen

Deine Fröhlichkeit, Kind, hat mich angesteckt,
mit dir habe ich mein Lachen wiederentdeckt,
in all den Jahren verschüttet, vergraben,
es ist ein Geschenk, dich bei mir zu haben.

Wir sehen die Käfer und Blumen am Weg,
wir sammeln die Steine und Muscheln am Strand
und auf dem steinigen Weg,
da nimmst du meine Hand.

Haarfarben

„Ich habe dich gar nicht erkannt", sagt mir Christine, nachdem ich sie im Theater begrüßt habe.

Da gestern auch eine Geschäftsfrau erst beim dritten Hinsehen wusste, wer ich bin, muss ich mich wohl ziemlich verändert haben.

Ich habe eine neue Haarfarbe. Meine Haare sind jetzt braun, dunkler als meine eigenen aschblonden Haare, die inzwischen von grauen Strähnen durchzogen sind. Ich sehe noch blasser aus als sonst und fühle mich um Jahre älter. Mit einem gelben Pullover und Ohrclips versuche ich, von meinen Haaren abzulenken. Außerdem brauche ich jetzt mehr Farbe für das Makeup. Trotz allem kann ich mich mit meinem Spiegelbild nicht anfreunden.

Per Mail erzähle ich zwei Freundinnen von meinem Haarproblem. Sie zeigen Verständnis, auch sie berichten, dass sie sich schon über einen schlechten Schnitt oder über eine unpassende Farbe geärgert haben.

Meinen Mann stört die neue Haarfarbe wenig. „Variatio delectat", sagt er und am nächsten Tag erzählt er von Frauen, die noch schrillere Haarfarben haben als ich.

Seit vielen Jahren lasse ich mir beim Friseur Strähnen machen, um die Farbe aufzufrischen. Bei meinem letzten Friseurbesuch habe ich gesagt: „Etwas mehr Farbe – aber nicht dunkler."

Ich überlege, was ich tun könnte. Vielleicht wäscht sich die Farbe wieder langsam raus. Sollte ich den Friseur wechseln?

Oder sollte ich ihn anrufen und ihn fragen, ob er die Farbe wieder aufhellen könnte? Aber er ist in den nächsten Tagen nicht zu erreichen, da er mit seinem Friseursalon umzieht. Auch ich verreise übers verlängerte Wochenende.

Ich suche im Internet nach Lösungen für mein Problem. Bei Google gebe ich „Haare entfärben" ein. Sofort stoße ich auf die tollsten Vorschläge.

„Wenn du deine Haare beim Friseur entfärben lässt, kannst du sie anschließend in der Tüte nach Hause tragen", schreibt da jemand.

Nein, das möchte ich nun doch nicht. Ich suche weiter und tippe ein: „Haarfarbe entfernen – natürliche Mittel". Die Empfehlungen klingen schon etwas besser. Die Vorschläge sind Honig, Zitronensaft oder Kamillentee. Die letzte Variante ist mir am sympathischsten. Mit Kamillentee habe ich schon als Teenager meine Haare gespült, damit sie heller wurden. Also koche ich einen starken Kamillentee und gieße ihn mir über die Haare. Aber auch nach fünf Haarwäschen und zweimal Kamillentee hat sich die Haarfarbe nicht wesentlich verändert.

Im Radio höre ich eine Sendung, bei der es um unzufriedene Kunden beim Friseur geht. Als „Fachmann" hat man einen Friseur aus Köln eingeladen, der sagt, dass es für seinen Berufsstand selbstverständlich sein sollte, etwas kostenlos zu korrigieren, wenn die Kundin nicht zufrieden sei.

Inzwischen ist mein Friseur umgezogen, er hat einen neuen Salon in einer alten Villa eröffnet. Ich rufe ihn an und schildere ihm mein Problem.

„Das kriegen wir hin", sagt er.

Wir vereinbaren einen Termin am gleichen Tag. Der Lehrling, der mir in mühevoller Arbeit vor zehn Tagen die verschiedenen Farben auf dem Kopf verteilt hat, färbt jetzt gleichmäßige helle Strähnen. Nach zwei Stunden das Ergebnis: Ich bin erblondet – vielleicht hilft die Farbe gegen den Winterblues. Ich brauche nichts zu bezahlen und bedanke mich.

Am selben Abend macht mir ein Mann aus dem Tanzkurs ein Kompliment wegen meiner Haare.

Nachdem ich das alles aufgeschrieben habe, frage ich mich doch, ob ich keine anderen Probleme habe.

Das Glück

Ist es ein Blick?
Ein Lächeln?
Ein freundliches Wort?
Oder findet man es am einsamen Ort?

Ein Segel im Wind,
das Salz auf der Haut
oder ein Luftschloss,
aus Träumen erbaut?

Der Duft von Steinkraut, Jasmin und Flieder?
Erinnerungen kehren wieder.
Ist es ein Hauch, ein Schweben,
oder sich einfach vom Boden abheben?

Ein wenig von allem.
Du weißt es wie ich –
doch wenn du es festhältst,
verflüchtigt es sich.

Rundgang durch Bonn

Wenn man mich nach meiner Lieblingsstadt fragt, fällt meine Wahl auf Bonn. Und das, obwohl ich weder in Bonn geboren noch dort aufgewachsen bin. Vor über 40 Jahren habe ich mir Bonn als Studienort ausgesucht.

Bei meinem ersten Besuch fand ich Bonn lebendig und international, mit kurzen Wegen und einer überschaubaren Innenstadt. Die Universität, ein ehemaliges kurfürstliches Schloss, prägt das Bild der Stadt. Ich belegte die Fächer Germanistik, Geographie und Pädagogik. Im ersten Semester hielt ein – aus meiner damaligen Sicht – älterer Professor eine Vorlesung über den jungen Goethe. Sein Vortrag des „Mailiedes" mit den Zeilen „O Mädchen, Mädchen, Wie lieb ich dich! Wie blickt dein Auge! Wie liebst du mich!" berührte mich. Dass ich später selber einmal Gedichte schreiben würde, ahnte ich noch nicht.

Die Vorlesungen und die Arbeit in den Seminaren wurden damals erheblich durch Baulärm gestört, denn es wurde mit dem U-Bahn-Bau begonnen und unter der Hofgartenwiese entstand eine Tiefgarage. Professor Benno von Wiese, dessen Name mir als Schülerin von seiner Gedichtsammlung bekannt war, verließ zu Beginn einer Vorlesung den Hörsaal, sprach mit den Bauarbeitern und konnte seine Unterrichtsveranstaltung ohne Störung von außen fortsetzen.
Auf der Hofgartenwiese fanden später die Friedensdemonstrationen statt. Heute ist sie vor allem im Sommer

beliebt zum Spielen, Picknicken oder einfach zum „Chillen". Am Südeingang der Universität, von dem aus der Blick über die Hofgartenwiese geht, sieht man die „Regina Pacis", eine vergoldete Madonnenstatue, die die Schutzpatronin der Universität darstellt.

Innerhalb des Hauptgebäudes gibt es einen großen Innenhof, den Arkadenhof. Jedes Jahr im August finden hier im Freien die Internationalen Stummfilm-Tage statt. Wenn man Glück hat, schaut man in einen klaren Sternenhimmel. Gezeigt werden alte Stummfilme mit Klavierbegleitung. Es gehört zum Ritual, dass der Flügel von ein paar starken Helfern die Treppe zum Hof herunter getragen wird. Außer dem Arkadenhof gibt es kleine, versteckte Innenhöfe. Mein Lieblingsplatz ist ein Hof mit weiß gestrichenen Bänken, in der Mitte sind Beete mit dunkelroten Rosen. Hierhin verirrt sich kaum jemand. Im Bereich des Universitätsgebäudes – von außen kaum zu erkennen – liegt die barocke Schlosskirche. In den Farben Weiß und Gold bildet sie einen festlichen Rahmen für Gottesdienste, Trauungen und Konzerte.

Vom westlichen Ende der Universität kann man über die Poppelsdorfer Allee bis zum Poppelsdorfer Schloss sehen. Im Gegensatz zum Stadtschloss war es als Sommer-schloss oder Lustschloss geplant. Heute sind auch hier Universitätsinstitute untergebracht, der ehemals barocke Garten wurde zum Botanischen Garten umgestaltet.

Die Nordseite der Universität öffnet sich zur Innenstadt. Neben der Universität und gegenüber gab es früher verschiedene Universitätsbuchhandlungen, hier konnte man in Ruhe stöbern und sich mit einem Buch in eine Leseecke setzen.

Von der Universität aus mache ich einen kleinen Spaziergang durch die Stadt. Ich überquere die Straße „Am Hof" und erreiche die Fürstenstraße, in der sich ein Straßencafé an das andere reiht. Fast das ganze Jahr über bevölkert ein überwiegend studentisches Publikum die Kaffee-Läden. Selbst im Winter, wenn es nicht gerade friert, stellen die Angestellten draußen Tische und Stühle auf. Ein Milchkaffee, der von innen wärmt, lässt die kalte Jahreszeit vergessen.

Eine Besonderheit in Bonn sind die großen und kleinen Plätze. Ich gehe nach links in Richtung Münsterplatz, der an einer Seite durch das Bonner Münster, an der Stirnseite durch das alte Postgebäude begrenzt wird. Vor der Post steht das Beethoven-Denkmal. Der Komponist ist in Bonn sehr präsent. Sein Geburtshaus in der Bonngasse wird viel besucht, es gibt die Beethoven-Halle, das Beethoven-Gymnasium und das Beethoven-Orchester, jedes Jahr im September findet das Beethoven-Fest statt.

Auch heutzutage kommen viele Musiker nach Bonn. Im Sommer spielt hier manchmal Reiner Weiss auf seinem weißen Flügel. Um den Klavierspieler, der nicht nur Beethoven spielt, versammelt sich schnell eine Gruppe von Menschen – Mütter mit Kindern, Berufstätige, die von der Arbeit kommen, Frauen mit Einkaufstüten. Sie äußern ihre Musikwünsche, der eine oder andere traut sich sogar zu spielen. Ich möchte von der Musik etwas mit nach Hause nehmen und kaufe mir eine CD. „Für Hanna ohne h" lautet die Widmung auf der Hülle.

Seit den sechziger Jahren gab es hier den Milchpavillon. Vor einiger Zeit wurde er durch ein modernes Gebäude aus Glas und Stahl ersetzt. Das neue Restaurant ist sowohl bei Einheimischen als auch bei auswärtigen Gästen beliebt. Als wir mit Besuchern aus Dänemark hier waren, wunderten sie sich darüber, dass hier Milch-Mix-Getränke auf der Karte stehen. Diese Tradition hat man von der früheren Milchbar übernommen.

Das Münster ist das ganze Jahr über ein Anziehungspunkt

für Touristen, aber auch viele Bonner Bürger suchen die Kirche zum Gebet auf. Ein besonders ruhiger und meditativer Ort ist der romanische Kreuzgang.

Kreuzgang des Münsters

Vom Münsterplatz aus gelange ich über das „Dreieck" mit dem Brunnen, der die „Drei Grazien" darstellt, in die Sternstraße, die älteste Einkaufsstraße Bonns. Typisch sind hier die sehr schmalen Geschäftshäuser, oft nur zwei Fenster breit. Bei vielen zeigt die kunstvoll restaurierte Giebelseite zur Straße hin. An einigen Gebäuden sind weiße Emaille-Schilder angebracht, sie informieren über das Alter des Hauses oder über seine erste Erwähnung sowie über die Bezeichnung. Die ältesten wurden 1393 erwähnt, zum Beispiel die Häuser „Zum goldenen Ring" oder „Zur Seyne". 1445 erhielt ein Gebäude den Namen

„Zur großen Rasselbank", 1605 nannte man eins „Zum kleinen roten Löwen" und 1615 ein anderes „Zum rauhen Mann". Ein weiteres hieß seit 1617 „Zum Schwan", ab 1769 nur noch „Zur Gans".
Die alten Namen erinnern mich an die Inschriften der Häuser des von Gottfried Keller beschriebenen Städtchens

Goldach in „Kleider machen Leute", einer beliebten Schullektüre aus meiner Zeit als Lehrerin. Dort gibt es die Häuser „Zum goldenen Drachen" oder „Zum Einhorn". Aber Bonn ist nicht Goldach....

Die Sternstraße endet am Marktplatz. Hier herrscht an allen Werktagen reges Marktleben: Obst, Gemüse, aber auch Brot, Käse und Oliven werden hier angeboten. Ich habe Lust auf ein erfrischendes Getränk und bestelle mir am Saftstand einen Gute-Laune-Drink. Die gute Laune stellt sich ein: Zum einen schmeckt der Saft richtig gut, zum anderen habe ich das Gefühl, etwas für meine Gesundheit getan zu haben. Wenn nach Geschäftsschluss die Händler den Markt geräumt haben, verwandeln die städtischen Reinigungsfahrzeuge den Platz wieder in eine große Freifläche zum Flanieren. Im Rahmen des Bonner Sommers gab es hier viele kulturelle Veranstaltungen mit Musik von klassisch bis modern.

Der dreieckige Marktplatz wird an einer Seite durch das alte Bonner Rathaus begrenzt, das wie eine Kulisse wirkt. Bei den Touristen beliebt, wird es oft fotografiert. Hier geben sich Bonner Brautpaare gern ihr Ja-Wort. In der Adventszeit wurde früher die gesamte Fassade zu einem überdimensionalen Adventskalender. Seit der Renovierung leuchten in der Vorweihnachtszeit auf Milchglas die Zahlen von 1 bis 24 hinter den einzelnen Fensterscheiben auf. Vor dem Rathaus steht dann ein großer Weihnachtsbaum.

Mein Rundgang endet wieder an der Universität, an der ich mich nach Beendigung meiner Berufstätigkeit als Gasthörerin eingeschrieben habe. Seit ein paar Jahren gehe ich in das Studio für Bildende Kunst, um zu zeichnen. „Zeichnen nach Modell" steht im Vorlesungsverzeichnis. Rund 15 Männer und Frauen zwischen 20 und 80 treffen sich hier jede Woche, um sich ein Bild von einem Menschen zu machen. Die Gruppe ist bunt gemischt: Studenten, Künstler, Hobbymaler. „Wenn du einen Menschen zeichnen kannst, kannst du auch alles andere zeichnen", sagte mir die freundliche Dozentin zu Beginn des Kurses.

Daran arbeite ich noch.

Andere Länder – andere Sitten

Im Sommer 2011 sitze ich vor dem Café des Kunstmuseums in Bonn und bestelle mir eine Spinat-Salat-Suppe. Auf der Speisekarte steht: „Diese Suppe hat Max Liebermann nach dem Unkrautzupfen in seinem Garten in Berlin gegessen." Da ich in der Ausstellung gesehen und erfahren habe, dass Liebermann nicht nur ein großartiger Maler, sondern auch ein Freund des guten Essens war, habe ich sicher die richtige Wahl getroffen.

Mir gegenüber sitzt eine Frau, mit der ich ins Gespräch komme. Sie arbeitet in der Nähe der Museumsmeile und verbringt hier oft ihre Mittagspause. Sie schätzt die abwechslungsreiche Küche des Museumscafés, sie hat ebenfalls einen Teller Suppe vor sich. Da sie eine Jahreskarte für die Bundeskunsthalle besitzt, macht sie auch immer mal einen Abstecher in eine der Ausstellungen. Wir sprechen über die Liebermann-Ausstellung, den blühenden Garten auf dem Dach der Kunsthalle, über andere Ausstellungen und über andere Museen. Als ihre Pause zu Ende geht, verabschiedet sie sich.

Ich denke an Museumsrestaurants, die ich bisher kennen gelernt habe. In besonders guter Erinnerung ist mir das Café des Modernen Museums in Stockholm, von dessen Garten aus man einen wunderbaren Blick über die Stadt, das Wasser und die Schären-Inseln hat.

Anders als ich dachte verlief dagegen ein Besuch in dem Café des Modernen Museums in Straßburg. Nachdem ich durch die weitläufigen Ausstellungshallen gegangen war, betrat ich das Café. Ich überlegte, wo ich mich hinsetzen könnte. Nicht an einen Fensterplatz, hier standen nur Vierer-Tische. In der Mitte des Raumes gab es eine Reihe von kleinen Tischen, an einem saß ein einzelner Herr mit einem Glas Wein. Ich setzte mich an einen Zweiertisch und sah in die Speisekarte. Als ich einen Salat mit überbackenem Ziegenkäse bestellen wollte, erklärte mir die junge Bedienung – wahrscheinlich eine Studentin –, dass ich hier nicht sitzen könne, sie würde mir einen anderen Platz zuweisen. Den Bruchteil einer Sekunde dachte ich darüber nach, ob ich jetzt erhobenen Hauptes mit einem „Merci beaucoup!" das Lokal verlassen sollte. Aber die Mittagszeit war fast vorüber, ich war hungrig und der Weg zurück in die Stadt würde eine Weile dauern. Also setzte ich mich an meinen neuen Tisch, der sich am Gang vom Eingang zu den Toiletten befand. Als der Salat serviert wurde, hatte ich keinen Hunger mehr. Ich bereute meine Entscheidung, nicht gegangen zu sein. Zwar weiß ich, dass man in einem französischen Restaurant normalerweise den Kellner nach dem – meist vorbestellten – Tisch fragt. Hier allerdings hatte ich nicht mit dieser Notwendigkeit gerechnet. Mir fielen vermeintlich vornehme Restaurant in den USA ein, bei denen, auch wenn sie ganz leer sind, vor dem Speisesaal eine Sperre angebracht ist mit einem Schild „Wait to be seated".

Als ich das Straßburger Café wieder verließ, überlegte ich

mir, ob es wohl einem Mann genauso gegangen wäre wie mir. Kürzlich erzählte ich bei einem Klassentreffen meine Erfahrungen in Straßburg einer Schulfreundin, die seit über 40 Jahren mit einem Franzosen verheiratet ist und in Frankreich lebt. Sie konnte meine Empörung gar nicht verstehen: Nie war sie bisher auf die Idee gekommen, allein in ein Restaurant zu gehen.

Die Spinat-Salat-Suppe kann ich übrigens weiterempfehlen.

Ferientage auf den Äußeren Hebriden

„Are you the gentleman I ran into on the floor last night?" („Sind Sie der Herr, mit dem ich letzte Nacht auf dem Flur zusammengestoßen bin?") Die Frage gilt meinem Mann. Ich glaube, meinen Ohren nicht zu trauen und drehe mich zum Nachbartisch um. Eine üppige Schottin mittleren Alters, die ein wenig an Miss Marple in jüngeren Jahren erinnert, hat das Gespräch begonnen. Typisch schottisch, denke ich, so beginnt man hier einen small talk. Neben der Schottin, die sich uns als „Helen" vorstellt, sitzt Edward, ihr älterer englischer Ehemann. Wir befinden uns – wie es hier üblich ist – nach dem Abendessen mit anderen Hotelgästen in der Bar, einem schlichten Aufenthaltsraum und genießen je nach Geschmack eine Tasse Kaffee mit den obligatorischen Mints, ein Glas Whisky oder Baileys. Das Hotel liegt auf Barra, der südlichsten Insel unserer Reise über die Äußeren Hebriden.

Mein Mann verneint die Frage, eine Unterhaltung kommt nach diesem Auftakt in Gang. Wer war denn nun der Mann, den die schottische Lady im dunklen Flur getroffen hat? Sie erzählt uns die Begebenheit aus ihrer Sicht. Sie habe gestern am späten Abend noch ein Bad genommen. Nachdem sie eine Weile das warme Wasser mit einem Zusatz von Lavendel genossen hatte, sei plötzlich das Licht ausgegangen. Sie sei dann vorsichtig aus der Wanne gestiegen, habe sich in ein Badetuch gewickelt und sei auf den Flur hinausgegangen, um zu sehen, was los war. Dort stieß sie mit einem Mann zusammen, der es offensichtlich eilig hatte, den sie aber nicht erkannte.

Als gestern Abend das Licht ausging, war ich gerade an der Rezeption und wartete auf meinen Mann, der einen Koffer aus dem Auto holte. Nach kurzer Zeit erschien ein Gast aus dem dunklen Hotelflur, der mich mit französischem Akzent fragte, ob ich zum Personal gehöre. Also war vermutlich er es, der nach dem Zusammenstoß mit der Schottin die Hotelhalle aufsuchte. Nach einiger Zeit ging das Licht wieder an. Die Hotelleitung erklärte uns, dass Stromausfall hier nicht ungewöhnlich sei, da die Insel das letzte Glied in der Stromversorgung der gesamten Äußeren Hebriden bildet. Die Frage, wo eigentlich Helens Ehemann Edward an diesem Abend zur Zeit des Stromausfalls war, wurde nicht beantwortet. Vielleicht schlief er schon.

Das Hotel liegt direkt an der steinigen Küste, wir haben einen weiten Blick über das Wasser und hören die Wellen gegen die Felsen schlagen. Jetzt im Sommer hat sich die kleine Felseninsel in ein Blütenmeer verwandelt, hundert verschiedene Blumensorten gibt es hier. Touristen haben zu diesem Zeitpunkt dieses kleine Paradies noch nicht erobert. Gelegentlich sieht man ein kleines Zelt auf einer Wiese, diese Art der Übernachtung ist gestattet, wenn man den Besitzer um Erlaubnis gefragt hat. Radwanderer machen von dieser Möglichkeit gerne Gebrauch. Bei einem Spaziergang werden wir von einem alten einheimischen Mann vor einem Cottage gefragt: „Are you strangers?" („Seid Ihr

Fremde?"). Das Thermometer steigt auch jetzt im Sommer kaum über 13 Grad, die Abende sind hell und lang. So kann ich noch abends um 10 Uhr mit meinem Aquarellblock auf den Klippen vor dem Hotel sitzen, Motive sind Felsen, Wasser und Seevögel.

Die Gäste sind bunt gemischt: Neben einer Gruppe von Schauspielern sind Engländer, Schotten und Franzosen hier. Helen und Edward haben ebenfalls vor, eine Reise über die Äußeren Hebriden zu machen. Sie beginnt im Süden auf Barra und führt über die Inseln South Uist, Benbecula, North Uist und Harris, das durch eine Landbrücke mit Lewis, der nördlichsten Insel, verbunden ist. Die Inseln erstrecken sich von Norden nach Süden insgesamt über eine Länge von etwa zweihundert Kilometern. Durch Stürme kahlgefegt bieten sie ihren Bewohnern wenig zum Lebensunterhalt. Die Böden sind nicht besonders ertragreich, auf kleinen Feldern gedeihen Kartoffeln und Gemüse. Die Einwohner züchten Schafe, aus ihrer Wolle wird der bekannte Harris-Tweed gewebt. Er scheint für das raue Klima der Inselwelt erfunden zu sein: Er schützt vor Wind, Wasser und Kälte. Auf Lewis bewundern wir die Tweedstoffe, die hier in vielen Läden angeboten werden.

Der Fischfang hat hier Tradition: Das Meer liefert Heringe, Hummer und Krabben als Nahrungsgrundlage und zum Verkauf.

Barra bietet eine Besonderheit, die es kein zweites Mal gibt. Diese Insel besitzt einen gezeitenabhängigen Flugplatz. Eine Start- und Landebahn gibt es nur bei Ebbe auf dem weißen Sandstrand. Wir beobachten, wie ein kleines Flugzeug aus Glasgow mehrmals in geringer Höhe über die Bucht fliegt, um dann schließlich im aufspritzenden flachen Wasser zu landen. Fünf Passagiere steigen aus der Maschine. Die Landebahn wurde kurz zuvor mit ein paar rot-weißen „Hütchen" gekennzeichnet, an einem kleinen Container am Strand werden schnell die Rollladen hochgezogen, fertig ist der Schalter. Außer uns sind noch ein paar andere Touristen hergekommen, um der Landung und dem Start zuzusehen. Heute ist es besonders ruhig auf der Insel, es ist hier nichts los, denn es ist Sonntag und die Pubs sind geschlossen.

Die einzelnen Inseln sind durch Fähren miteinander verbunden, manche fahren nur ein- oder zweimal am Tag. Auf einer Fähre sehen wir einen Kühl-Sattelschlepper, der

Krebse von den Hebriden nach Portugal transportiert. Die Krustentiere haben eine lange Reise vor sich. An den Fähren und in den Hotels treffen wir wieder Helen und Edward. Sie überbrücken die Wartezeiten an den Fähren mit dicken Taschenbüchern und bestellen zum Mittagessen „soup and salad".

Eine Zeitreise erleben wir auf Lewis: Aus der Jungsteinzeit stammen die Steinsetzungen mit den monumentalen säulenartigen Granitsteinen, die in den Himmel ragen. Zu dem inneren Kreis gelangt man über eine Allee, an deren Seiten ebenfalls Monolithen aufgestellt sind. Zusammen mit drei kleineren Steinreihen, die strahlenförmig vom Hauptkreis abgehen, bildet das Ganze aus der Luft gesehen ein keltisches Kreuz.

Wir fragen uns, welchen Sinn diese Kultstätte hatte und wie es die Menschen vor 5000 Jahren geschafft haben, diese riesigen Steine aufzustellen. Die Erklärungstheorien zu der Bedeutung beziehen sich sowohl auf die Sonne als auch auf den Mond. Man hat ausgerechnet, dass die Bahn des Mondes alle 18 1/2 Jahre der Silhouette der Hügel folgt, die die Kultstätte umgeben. Man sagt, der Mond besuche dann die Erde und würde mit ihr tanzen. Bei dem Steinkreis ist der östliche Teil flacher als der westliche. Man vermutet, dass man das Spiel der Sonnenstrahlen auf den Steinen beim Beginn des Frühlings gezielt eingeplant hat. Die Menschen der Jungsteinzeit feierten an dieser Kultstätte Erntefeste und Hochzeiten, hier ehrten sie ihre Toten. Aber auch ohne wissenschaftliche Erklärungsversuche ist es reizvoll, Licht und Schatten zwischen den fast fünf Meter hohen Menhiren bei rasch wechselnder Bewölkung zu beobachten und diesen sakral anmutenden Ort auf sich wirken zu lassen.

Einige Jahrzehnte zurück versetzt fühlen wir uns in einem traditionellen Strohdachhaus, das nur aus einem Raum besteht und in dessen Mitte ein offenes Torffeuer brennt. Es wird als „Black House" bezeichnet. Dunkel und rauchig ist es hier. Der Torf wird auch heute noch abgebaut und von den Inselbewohnern als Heizmaterial verwendet.

Für seinen Thriller „Kalte Asche" hat sich der britische Autor Simon Beckett die Äußeren Hebriden als Schauplatz ausgesucht. In einem halb verfallenen Cottage wird eine weibliche Leiche gefunden. Allerdings spielt der Roman auf der fiktiven Insel „Runa".

Da wir in Schottland mehr an der Natur und weniger an einer guten Küche interessiert sind, nehmen wir es hin, wenn das Essen nach unseren Vorstellungen nicht so perfekt ist. Helen hat da eine andere Einstellung. In einem Restaurant wird uns abends Fisch serviert. Unsere Mitreisenden haben an einem benachbarten Tisch Platz genommen. Sie probiert den Fisch, legt das Besteck beiseite und begibt sich mit großen Schritten in Richtung Küche, die weiße Stoffserviette noch im Rockbund befestigt. „This fish is awful" („Dieser Fisch ist furchtbar") ruft sie durch das Lokal, noch bevor sie die Küche erreicht hat. Uns erklärt sie, dass dieser Fisch vor dem Servieren zu lange im Wasser gelegen habe und deshalb viel zu weich sei. Wir hatten das eher für die übliche Zubereitung gehalten.

In einem der Hotels gibt es eine sehr umfangreiche Frühstückskarte, die auch mehrere Zubereitungen von Fisch enthält. Nach meinen Wünschen gefragt, bestelle ich, weil ich morgens noch keine Hauptmahlzeit essen möchte, nur „toast and cereals".

Die Kellnerin sieht mich verständnislos an und sagt: „So no breakfast at all" (Also überhaupt kein Frühstück).

Am Meer

Ich sehe das Blau des Wassers, die Weite,
und wünschte, du gingest an meiner Seite.
Ich höre das Auf und Ab der Wellen,
zwei Segel die Bucht erhellen.

Meer und Horizont – soweit das Auge schaut,
spüre ich das Salz auf meiner Haut
und in den Haaren den Wind –
das Gefühl wie damals als Kind.

Unter den Füßen der nasse Sand,
Muscheln in allen Formen am Strand.
Über mir der Möwen Schrei –
ich weiß: hier bin ich frei.

Irish Music

An einem Pub in der irischen Kleinstadt Waterville sehen wir ein Schild „Live music today". Wir erkundigen uns, wann die Musik beginnt.

„Zwischen halb zehn und zehn", sagt die füllige junge Frau an der Bar. Sie erklärt uns, dass der Musiker im vorderen Raum der Gaststätte auftreten wird.

Kurz nach neun Uhr suchen wir uns einen Platz. Im vorderen und hinteren Raum des Pubs läuft jeweils ein Fernseher, es wird ein Golfturnier übertragen. Einige Gäste essen noch, beliebt sind die Bar-Meals, verschiedene Fleischgerichte mit Chips. Familien mit Kindern gehen in den hinteren Raum, im Bar-Raum sind Kinder nicht gern gesehen. Nachdem die Essenszeit vorbei ist, werden an allen Tischen die Salz- und Pfefferstreuer und die Ständer mit Ketchup, Mayonnaise und Essigsauce abgeräumt.

Nach dem Essen trifft man sich an der Bar zu einem oder mehreren Guinness; bezahlt wird sofort, es fällt auf, dass die meisten Männer ihre zerknüllten Geldscheine aus der Hosentasche ziehen.

Gegen halb zehn erscheint der Musiker, er baut das Mikrophon, die Verstärker, die Gitarre in einer Ecke des Raumes auf, er stellt den Stromanschluss her, er überprüft, ob das

Mikrophon funktioniert. Innerhalb weniger Minuten ist alles fertig.

Der Raum füllt sich, an der Theke stehen Männer und Frauen dicht gedrängt. Der Pub ist der abendliche Treffpunkt der Stadt. Die Gäste kennen sich, sie begrüßen sich herzlich, tauschen Neuigkeiten aus. Vor allem die Männer verfolgen immer wieder das Golfturnier auf dem Bildschirm. Handys klingeln, hier ist es zu laut, um zu telefonieren, da geht man besser vor die Gaststätte, ebenso zum Rauchen. Der Musiker wirkt nervös, er geht mehrmals vor die Tür, wahrscheinlich auch, um eine Zigarette zu rauchen. Pünktlich um 10 Uhr beginnt er: eine Mischung aus irischen Liedern und amerikanischen; in seinem Repertoire sind Jonny Cash und Kris Kristofferson.

Bei den irischen Liedern singen einige Gäste mit, erst zögerlich, dann lauter. Die Fernsehgeräte sind weiterhin eingeschaltet, jetzt allerdings ohne Ton. Wir sind wahrscheinlich die einzigen Touristen hier, ein junger Mann vom Nachbartisch fragt uns, woher wir kommen. Aus Deutschland. Er will es genauer wissen. Aus Bonn. Er ist mit der Antwort zufrieden und lacht uns fröhlich an. Seine Begleiterin singt bei den irischen Liedern mit klarer hoher Stimme mit.

An unserem Tisch haben drei Frauen zwischen sechzig und siebzig Platz genommen, zwei von ihnen haben eine identische Frisur, allerdings unterscheiden sich die Haarfarben. Die Haare sind kurz geschnitten, sorgfältig gelegt, ordentlich frisiert und mit Haarspray in Form gebracht. Die dazu gehörenden Männer stehen an der Theke; immer, wenn sie sich selbst ein Bier bestellen, stellen sie ihren Frauen auch ein Getränk hin. Die Frauen mit den gleichen Frisuren trinken Wasser und Limonade, die dritte Gin mit Eis und Cola. Die Männer sind großzügig, die Frauen haben mehr Getränke vor sich stehen als sie trinken können. Gelegentlich kommt der Wirt und sammelt die leeren Gläser ein, eine der Frauen schiebt ihm auch ihr volles Wasserglas hin, zwei weitere stehen noch vor ihr.

Gegen 11 Uhr wird das Licht etwas gedimmt. Es ist Zeit für „the last order". Um 11.30 Uhr kündigt der Musiker sein letztes Lied für heute an, ein irisches Lied, bei dem fast alle Besucher den Text kennen und auch mitsingen. Danach will er endgültig aufhören, aber da kommt die junge Frau vom Nachbartisch und erklärt dem Musiker, dass sie nun ein Lied singen möchte. Er ist einverstanden, sie tritt ans Mikrophon, er begleitet sie auf der Gitarre. „The town I loved so well." Das Lied hat viele Strophen, sie singt es selbstbewusst mit einer hellen Sopranstimme. Am Ende erhalten beide viel Beifall. Stolz geht sie zurück an ihren Platz.

Sark

„Besuchen Sie die Insel, auf der die Zeit still steht." Mit diesem Satz warb die Insel Sark im Ärmelkanal für den Tourismus. 1995 wollten wir die Insel kennen lernen, in dem Jahr feierte man hier den 50. Jahrestag der Befreiung von der deutschen Besatzung.

Wie die anderen Kanalinseln ist auch Sark der britischen Krone unterstellt. Bis 2008 war das Parlament aus den 40 Lehnsherren, den „tenants" zusammengesetzt. Seitdem gibt es ein demokratisch gewähltes Parlament mit 28 Mitgliedern. Den Vorsitz hat weiterhin der Seigneur, der Herr der Insel.

Die Insel ist eine Schiffsstunde von Guernsey entfernt. Hier wohnen etwa 600 Menschen. Bei Sark handelt es sich – genau genommen – um zwei Felseninseln: Great Sark und Little Sark. Sie ragen steil aus dem Meer empor. Die Gesteine sind denen im nordwestlichen Frankreich verwandt. Hier findet man Granit, Gneis und Hornblende-Schiefer. Jetzt im Sommer erscheint die Insel überwiegend grün, unterbrochen vom leuchtenden Gelb des Ginsters und dem Violett des Heidekrautes.

Die beiden Teile der Insel sind durch einen bis zu 100 Meter hohen Grat miteinander verbunden. „La Coupée" inspirierte Schriftsteller und Maler, so fertigte William Turner hier eine Bleistiftzeichnung an. Um 1900 erhielt der Übergang ein Geländer, 1945 wurde er von deutschen Kriegsgefangenen zu einer betonierten Straße ausgebaut.

Mit dem Schiff angekommen besteigen wir mit unserem Gepäck den Anhänger eines Traktors. Wir müssen, als wir das Inselplateau erreicht haben, wieder aussteigen. Unsere Koffer werden zum Hotel gebracht. Der Fußweg dorthin dauert 20 Minuten. Auf der Insel fahren keine Autos, es gibt Pferdewagen, Traktoren und Fahrräder. Selbst der Krankenwagen wird von einem Traktor gezogen.

Unser Hotel ist ein fast 300 Jahre altes ehemaliges Bauernhaus, es ist solide gebaut aus grauen Granitsteinen. Als Familienbetrieb bietet es neun Gästezimmer an. Im Speiseraum mit offenem Kamin treffen sich die Hotelgäste zum Frühstück und zum Abendessen. Die Gäste sind gemischt: Eine Berliner Familie mit vier Jungen, Paare und eine allein reisende Frau. Ihr hat man in der Mitte des Raumes einen kleinen Tisch zugewiesen, was sie aber nicht weiter zu stören scheint.

Wenn am Abend der Gong ertönt, wissen die Gäste, dass jetzt das Essen serviert wird. Gegenüber vom Hotel, durch eine Straße getrennt, ist in einem Nebengebäude die Bar eingerichtet, wo man sich vor dem Essen zu einem Aperitif einfindet, nach dem Essen zum Kaffee und zu alkoholischen Getränken. Wenn man nicht an der Bar sitzen möchte, kann man es sich auf einem der geblümten Sofas bequem machen.

Für eine Wanderung nach Einbruch der Dunkelheit erhält man vom Hausherrn eine Laterne, denn eine Straßenbeleuchtung gibt es auf der Insel nicht.

Die Hauptstraße der Insel heißt Avenue, sie ist – wie alle anderen Straßen – nicht asphaltiert. Hier gibt es kleine Geschäfte, in denen man fast alles kaufen kann. Weil die Sonne hier intensiver scheint als ich gedacht habe, kaufe ich mir im größten Laden einen Sonnenhut aus dunkelblauem Stoff.

Bei einem Spaziergang durch den Ort sehen wir uns auch den Friedhof und die Kirche an. An diesem nebligen Morgen haben die verwitterten Grabsteine etwas Gespenstisches. Die Pfarrkirche wurde 1820 im gotischen Stil erbaut. Die Kosten betrugen damals für den Seigneur 1000 Pfund, die er teilweise durch den Verkauf der Kirchenbänke an die Inhaber der „tenements" finanzierte. So hat bis heute jede der eingesessenen Familien ihre reservierten Plätze. Eine Kirchenbank ist den Gefängnisinsassen der Insel vorbehalten. Sark hat das kleinste Gefängnis der Welt mit nur zwei Zellen. Heute werden hier Straftäter nur für kurze Zeit untergebracht – etwa zur Ausnüchterung. Längere Strafen müssen auf Guernsey abgesessen werden.

Wir besuchen den Park der Seigneurie, in dem das Wohnhaus des Seigneurs mit dem Wachturm steht, und bewundern die üppigen Blumenbeete mit Dahlien in allen Gelb- und Rottönen, die Wasserbecken mit Seerosen und Fontänen. An der Innenseite der Parkmauer fallen uns die Grabsteine für die verstorbenen Hündinnen auf. „Bella", „Belle" und „Beau – my white shadow" sind die Inschriften.

Bis 2008 war es nur dem Seigneur erlaubt, Hündinnen zu halten, seitdem hat er dieses Vorrecht nicht mehr. Das andere Privileg, Tauben zu halten, ist ihm geblieben. So herrscht an dem großen Taubenhaus ein reges Treiben.

Als wir nach einer Woche die Insel mit einem Schnellboot wieder verlassen, haben wir tatsächlich das Gefühl, eine Reise in die Vergangenheit gemacht zu haben.

Den blauen Sonnenhut besitze ich noch, aber ich trage ihn selten.

Zwei Bäume im Wind

Sie stehn an der Straße am Rand,
sie halten dem Wetter stand.
Sie trotzen dem Schnee, dem Regen,
den Stürmen, die durch die Straßen fegen.

Sie lassen sich wiegen,
sich nicht verbiegen,
sie wehr'n sich gemeinsam,
und keiner ist einsam.

Wohnen wie Gott in Frankreich

Von Freunden hatten wir gehört, dass man in Frankreich in privaten Schlössern übernachten könne. Es gebe so eine Art „Bed and Breakfast". Wir interessierten uns für diese Art der Beherbergung und bestellten den Katalog „Bienvenue au Chateau". Unsere Ferienreise planten wir durch den Westen Frankreichs und reservierten Übernachtungen in verschiedenen Schlössern.

Wir erfuhren, dass manche Schlossbesitzer auf eine lange Familientradition zurückblicken, einer erzählte uns, dass er gelegentlich mit seinen Ahnen spreche. Ein anderer war in seinem „früheren Leben" Arbeitsloser in Paris. Er hatte günstig ein kleines Schloss erwerben können und hoffte nun, durch die Vermietung von Zimmern seinen Lebensunterhalt und ein bisschen mehr verdienen zu können. Außerdem hatte er gerade mit einer Hundezucht begonnen – er hatte die gleichen Hunde, die der damalige französische Staatspräsident besaß. Die Welpen hausten unter der Treppe im Schloss. Sie waren niedlich anzusehen, allerdings nicht stubenrein und zogen deshalb die Missbilligung der Hausangestellten auf sich. Manchmal erwischten die Hunde den Schuh eines Gastes und machten sich damit auf und davon.

Das Geheimnis des Schlosses

Eines unserer Ziele war Giverny, hier wollten wir uns den

Garten Monets ansehen. In der Nähe gibt es ein Schloss „La Réserve". Im Katalog stand über die Besitzer: „Bereitwillig teilen sie mit Ihnen den Zauber und die Originalität ihres Hauses, die Zeugen einer lebendig gebliebenen Geschichte". Auf dem Weg zu dem herrschaftlichen Anwesen kam uns ein alter Renault entgegen. Mir fiel auf, dass ein Brillenglas des Fahrers zersplittert war.

„Ob das wohl der Graf ist?", dachte ich laut, vermutete aber, dass es sich um einen Landarbeiter handelte. Wie sich später herausstellte, war es zwar nicht ein Graf, aber der Eigentümer des Schlosses.

Das Anwesen strahlte Alter und Würde aus: die Steine, die Fenster, die Türen; das Dach mit den alten Ziegeln war etwas schief. Was gar nicht zu dem Schloss passte, war der völlig neu angelegte Garten, in den ein paar junge Bäume gepflanzt worden waren.

Stolz zeigte uns der Hausherr die Räume, die stilvoll mit alten Möbeln und passenden Fensterdekorationen ausgestattet waren. Seine Frau sei Innenarchitektin, sie habe die gesamte Inneneinrichtung geplant, erzählte er uns.

Er bot uns an, an einem der kleinen Metalltischchen im Garten Platz zu nehmen, dort würde er uns den Tee servieren. Kurz darauf kam er mit einem Tablett, auf dem sich eine silberne Teekanne, zwei Teetassen mit Blumenmuster und Gebäck befanden. Wir genossen den Tee, die Ruhe, den Blick auf das Schloss und den Garten sowie die freundliche Atmosphäre.

Am nächsten Morgen um 9 Uhr versammelte sich eine Gruppe internationaler Besucher im Speisesaal um den großen Esstisch. Mit einer silbernen Gebäckzange teilte der Hausherr die Croissants den Gästen zu. Croissants waren in allen Schlössern abgezählt, kennt man doch Touristen, die so unbescheiden sind, sich gleich mehrere zu nehmen.

Bevor wir uns verabschiedeten, erfuhren wir dann noch das „Geheimnis" des Schlosses: Es war von dem Besitzer selbst komplett neu gebaut worden – aus alten Materialien.

Zum Tee bei der Gräfin

Eine Unterkunft hatten wir uns in Burgund ausgesucht. Es war ein ehemaliges Weingut und gehörte einer Gräfin. Hier hatten wir für mehrere Tage ein Zimmer mit einer Kochnische gemietet, weil wir nicht jeden Tag in einem Restaurant essen wollten.

Als sie uns das mit Antiquitäten ausgestattete Zimmer zeigte, wies sie uns darauf hin, dass ihre Gäste eigentlich nicht selber kochen, sondern immer im Gasthaus essen würden und empfahl uns ein Restaurant in der nächsten Stadt.

Bei der Ankunft in den Schlössern oder Herrenhäusern war es üblich, dass der Gastgeber den Gästen etwas zu trinken anbot, ein Glas Wein, Wasser oder Saft. Ein Schlossherr trank mit uns eine Flasche Wein und bot dazu Gebäck an, das seine Frau extra zum Aperitif hergestellt hatte.

Weil ich an diesem Tag keinen Alkohol trinken wollte, fragte ich die Gräfin nach einer Tasse Tee.

„Ich bin doch nicht Ihre Dienstbotin", antwortete sie mir.

Danach war unser Verhältnis getrübt. Teebeutel hatte ich zwar in meinem Gepäck, aber die Kochgelegenheit sollten wir möglichst nicht benutzen. Es gab dann doch Tee, dazu mit Schokolade überzogene Mandeln. Sie hatte viel Zeit zum Erzählen: über ihr bisheriges Leben, über das Haus, das sie erworben hatte, über die Antiquitäten, über die Kunstwerke.

Am Abend suchten wir das von ihr empfohlene Restaurant auf. Wir bestellten uns Fisch. Es gibt in Frankreich viele Fischsorten, deren Bezeichnungen mir nicht geläufig sind. Ich hatte mir einen Fisch bestellt, den ich nicht kannte. Das Essen wurde serviert, ich sah den großen Kopf des Tieres und spürte augenblicklich ein flaues Gefühl im Magen. Ich war wohl auch blass geworden, denn mein Mann nahm den Teller und filetierte den Fisch hinter der Tischdekoration, die zwischen uns stand. Nachdem ich mich von dem Anblick erholt hatte, aß ich die Fischfilets und beschloss, mir in Zukunft gleich Filets zu bestellen.

Das Frühstück am nächsten Morgen war auf 9.30 Uhr angesetzt, früher wollte die Gräfin auch nicht aufstehen. Der Tisch wurde im Garten gedeckt, die Hausherrin übernahm den Vorsitz und unterhielt die Gäste. Außer uns war noch ein Ehepaar aus den Niederlanden da. Die beiden waren schon für die Küchenarbeit eingeteilt worden und halfen bei der Vorbereitung des Frühstücks. Sie verbrachten hier ihren vierzehntägigen Urlaub. Sie wollten eigentlich Fahrradtouren machen, aber wenn das Frühstück vorüber war, war es schon sehr heiß und eigentlich zu spät, um noch zu einer Radtour aufzubrechen.

Aus diesem Aufenthalt habe ich gelernt, dass es besser ist, nicht zu lange an einem Ort zu bleiben.

Die Muscheln, die keiner wollte

In manchen Schlössern bot man ein Abendessen an und es wurde erwartet, dass die Gäste daran teilnahmen.

„Diner bei Kerzenlicht", stand im Katalog, „traditionelle und erlesene Küche. Kreditkarten sind willkommen."

Einmal wollten wir uns auf unserer Reise den Luxus eines solchen Essens im Schloss gönnen. Das Menü war jeden Tag das gleiche: Vorspeise, Burgunderbraten, grüne Bohnen, Kartoffelgratin und als Dessert Mousse au Chocolat. Man rechnete damit, dass die Gäste hier nur eine Nacht verbringen würden.

Der Hausherr bat seine Gäste vor dem Essen in einen Salon zu einem Aperitif. Dazu reichte er sauer eingelegte Muscheln. Das ist wahrscheinlich eine ganz besondere Spezialität, aber damit hatte er nicht den Geschmack der Anwesenden getroffen. Die Gäste bedienten sich nur sehr zögerlich und so kreiste das Schüsselchen mehrmals und wurde nicht leer.

Die Tische im Speisesaal waren festlich gedeckt, auf jedem Tisch stand ein silberner Leuchter, in dem mehrere Kerzen brannten. Der Hausherr nahm an dem Essen nicht teil. Wahrscheinlich aß er etwas anderes – dieses Essen kannte er ja schon.

In anderen Schlössern wurden uns gute Restaurants empfohlen. Sie lagen auf dem Land, von außen oft unscheinbar, das Essen war immer ausgezeichnet.

In einem der Gasthäuser glaubte ich meinen Augen nicht zu trauen, als ich sah, wie der Küchenchef einen Lehrling in den Gastraum schob und ihn vor den Gästen an den Ohren zog und ihn beschimpfte. Ob die anderen Restaurantbesucher das gut und richtig fanden, weiß ich nicht. Ich würde ein solches Gasthaus nicht mehr betreten.

Der Graf, der mit seinem Salat sprach

Einen echten Grafen und ein echtes Schloss lernten wir in der Bretagne in der Nähe der Küste kennen. Der Hausherr hatte das Schloss von seinen Vorfahren geerbt. Das Anwesen war seit fünf Jahrhunderten im Besitz derselben Familie. Als Besonderheiten gab es einen alten Taubenschlag und eine Privatkapelle.

Er hatte sich erst spät zu einer Ehe entschlossen. Mit Mitte fünfzig hatte er eine Dame aus Paris geheiratet, die sich jetzt „Vicomtesse" nannte. Beide schienen glücklich zu sein, der Kontakt mit ihnen war sehr herzlich.

In dem Schloss gab es Zimmerfluchten mit riesigen Räumen, die an die Gäste vermietet wurden. Die Zimmer waren mit antiken Möbeln ausgestattet, im Schlafzimmer stand ein prunkvolles Himmelbett.

Das Frühstück wurde zu einer mit uns abgesprochenen Zeit auf einem Tisch mitten auf der Wiese hinter dem Schloss serviert. Es war üppig, außer Croissants und Baguette gab es Obst, Pfannkuchen und Milchreis. Wir fühlten uns wie im Schlaraffenland.

In einem Teil des Geländes war ein Gemüsegarten, in dem Graf und Gräfin sich betätigten. Die Dame des Hauses war immer sehr elegant und trug auch bei der Gartenarbeit einen engen weißen Rock. Er hingegen sprach mit dem Salat, wenn er ihn mit einer eleganten Handbewegung pflanzte, und sagte laut: „Voila!"

Er bot uns seinen Salat an, aber wir hatten in den Zimmern

keine Möglichkeit, ihn zuzubereiten.

Der Graf besaß viele Jagdhunde, die den Hof bevölkerten und jeden Besucher sofort umringten. Regelmäßig machte er Ausflüge mit seinen Hunden und transportierte sie in seinem alten Auto. Hier hatten die Hunde ihre Spuren hinterlassen: Die Sitze waren angefressen und zerfleddert.

Jahre später las ich in einer englischen Zeitung auf der griechischen Insel Symi einen Bericht über einen Besuch einer Engländerin in diesem Schloss. Die Journalistin schrieb, dass der Schlossbesitzer ein Auto extra für die Hunde habe. Was sie nicht wusste: Der Graf hatte damals nur dieses Auto.

Unser Vorhaben, hier noch einmal herzukommen, machten wir bei einem späteren Urlaub wahr.

Blick auf den Mont Saint Michel

„Erleben Sie den herrlichen Panoramablick auf den im Süden gegenüberliegenden Klosterberg, die legendäre Perle des Abendlandes", stand in dem grauen Katalog „Bienvenue au Chateau".

Uns interessierte die Küstenlandschaft der Normandie, auch wollten wir uns den Mont Saint Michel gerne aus der Nähe ansehen.

Der Berg in seiner heutigen Form ist dadurch entstanden, dass Sturmfluten weite Landgebiete mit sich gerissen hatten und nur noch der Felsen aus dem Meer emporragte. Der Überlieferung nach soll im Jahr 708 der Bischof von Avranches von Erzengel Michael aufgefordert worden sein, auf diesem Berg eine Kirche zu erbauen. Seit dem 10. Jahrhundert sind Gebäudeteile nachweisbar. Man kann romanische und gotische Teile der Abteikirche und des übrigen Klosters besichtigen. 1791 verließ der letzte Mönch den Berg, danach wurde er Staatsgefängnis bis 1863. Die Insel ist heute durch einen Damm mit dem Festland verbunden.

Unser Domizil für ein paar Tage war ein um 1900 erbautes Herrenhaus, zu dem eine große breite Treppe hinaufführte. Die Räume waren großzügig geschnitten, man konnte tatsächlich vom Bett aus den Mont Saint Michel sehen – wenn auch in einiger Entfernung.

Das Gebäude war umgeben von einem Park und Grünflächen, die auch für die Gäste zugänglich waren. Erbaut hatte das Haus der Besitzer einer französischen Firma für Sanitäreinrichtungen. In den Badezimmern gab es alte Waschbecken und Armaturen. Eine Besonderheit waren die Nachttische neben den Betten: In ihrer früheren Funktion dienten sie als Bidets – jetzt standen die zierlichen Becken da und waren mit einer Glasplatte abgedeckt. Ich weiß nicht warum, aber ich legte mein Buch und meine Lesebrille vor dem Einschlafen auf den Fußboden.

Zur Begrüßung bot uns die Inhaberin einen besonderen Aperitif an: Pommeau. Ihr Mann, der Obstanbau betrieb, stellte ihn selbst her. Er nahm dazu frisch gepressten Apfelsaft, dem Calvados zugesetzt wurde, um die Gärung des Apfelmostes zu stoppen. Anschließend reifte die etwa 16 prozentige Mischung mindestens 14 Monate im Fass.

Mit unserem Schulfranzösisch versuchten wir, uns ein wenig mit ihr zu unterhalten. Mein Mann trug kurze Hosen, sie machte ihm Komplimente wegen seiner kaum behaarten Beine und sagte ihm, dass sie auch gerne so glatte Beine hätte. Sie müsse ihre Beine oft rasieren und das sei doch ziemlich lästig.

Wir dagegen lobten ihre Marmeladen; auf dem Frühstückstisch standen jeden Morgen mindestens zehn verschiedene Sorten, die hervorragend zu den Croissants schmeckten. Sie verarbeitete viele Früchte aus dem Garten und aus der Umgebung. Die Palette reichte vom Apfelgelee bis zur Confiture de lait – einer Spezialität der Gegend, für die Milch mit viel Zucker, etwas Vanille, Honig, Meersalz und Natron so lange gekocht wird, bis die Masse karamellfarben und dick ist.

Die Parkbank

Die Parkbank in Weiß
am Rande der Ostsee
bedeckt mit trockenem Laub
lädt nicht mehr zum Verweilen ein.

Spaziergänger gehen vorüber –
vorbei der Sommer,
die warmen Abende,
das Betrachten des Sonnenuntergangs.

Es ist nicht mehr der Platz
für das heimliche Liebespaar,
die junge Mutter mit ihrem Kind,
die alte Frau mit ihrem Hund.

Das Laub wird der Wind verwehen,
Regen und Sturm meldet der Wetterbericht –
später Schnee.

Ruhig wird es hier sein
in der Wintersonne:
eine Parkbank in Weiß.

Symi – „A room with a view"

Vor einigen Jahren verbrachten wir eine Woche auf der griechischen Insel Rhodos. Von hier aus machten wir einen Schiffsausflug nach Symi, eine kleine Insel, die vier Seemeilen vor der türkischen Küste liegt. Die Sage erzählt, dass sie nach der Prinzessin Symi von Rhodos benannt worden ist, sie soll von einem Meeresgott hierher entführt worden sein.

Pünktlich um zwölf Uhr mittags kamen wir in Gialos, dem Hafen der Insel, an. Als erstes fielen uns die italienisch anmutenden Kapitänshäuser auf. Sie erinnern an die italienische Besatzungszeit. Die pastellfarbenen Anstriche sind harmonisch aufeinander abgestimmt, die Dächer mit roten Ziegeln gedeckt. Die Häuser zeugen von früherem Wohlstand der Bewohner, die vom Schiffbau lebten, viele Handelsbeziehungen unterhielten und Schwammfischerei betrieben.

Im Hafen wurde es lebendig: Straßenhändler boten ihre Waren an, Cafés und Restaurants hatten sich auf den Ansturm der Tagesausflügler eingerichtet. Wir wollten die Oberstadt „Chorio" besuchen. Man erreicht sie über die Kali Strata, die „Schöne Treppe" mit etwa 500 Stufen. Wir machten uns trotz der Mittagshitze auf den Weg. Zu beiden Seiten der Treppe sahen wir, dass von vielen Herrenhäusern nur noch die Ruinen vorhanden waren. Mit Efeu überwuchert, hatten sie immer noch ihre eigene Schönheit. Einige Häuser waren auch wieder aufgebaut oder restauriert worden.

Zum Mittagessen kehrten wir bei Giorgos ein, einem freundlichen Wirt, der seine Gäste in die Küche bittet, die Deckel der Töpfe auf dem Herd anhebt und zeigt, was es heute zu essen gibt. Wir wählten verschiedene Gemüse, Fleisch und Reis, es schmeckte gut. Hier oben im Dorf war es ruhig, nur wenige Tagesgäste waren hierhergekommen. Dass es hier in der Oberstadt Menschen geben sollte, die nie unten waren, konnte ich mir nur schwer vorstellen.

Auf dem Rückweg zum Hafen fiel uns ein kleines Hotel mit dem Schild „Rooms with a view" auf. Hier oben würden wir gerne mal ein paar Tage verbringen. Wir klingelten, ein gut aussehender junger Mann in Jeans und weißem Oberhemd öffnete die Tür. Er gab uns eine Karte mit der Adresse und der Telefonnummer.

Wieder zu Hause versuchen wir herauszufinden, wie wir die Insel Symi erreichen könnten. Es gibt zwar verschiedene Fährverbindungen – aber nicht in den Herbstferien. Also fliegen wir im Oktober zuerst wieder nach Rhodos. Am Abend gehen wir zum Hafen und kaufen uns an einem Ausflugsboot eine Fahrkarte nach Symi; am Vorabend sind die Preise niedriger. Am nächsten Tag – es ist ein Sonntag – frage ich den Kapitän, ob er jeden Tag nach Symi fahre, denn wir wollen am Freitag mit dem Schiff wieder zurückkehren. Er bejaht die Frage. Als ich jedoch am Montag nach dem Schiff Ausschau halte, ist es nicht da, dafür an allen folgenden Tagen.

Unser Hotel ist klein und einfach, von unserem Zimmer mit dem winzigen Balkon haben wir einen wunderbaren Blick auf den unter uns liegenden Hafenort. Der Besitzer des Hotels ist wie viele Inselbewohner als junger Mann ausgewandert, weil es nicht genug Verdienstmöglichkeiten auf der Insel gab. Er war in Australien und arbeitete dort als Maurer und als Musiklehrer. Mit dem Ersparten kehrte er nach Symi zurück und baute das Hotel. Dem Hotel hat er den Namen seiner Frau gegeben: „Fiona". Dass er auch Musiker ist, merkt man daran, dass er manchmal für seine Gäste auf einem Zymbal, einem griechischen „Hackbrett", spielt. Der junge Mann, den wir bei unserem ersten Besuch hier gesehen hatten, ist sein erwachsener Sohn.

Wir versuchen, die Hochebene der Insel zu Fuß zu erkunden. Hier breitet sich in der Sonne der Duft von verschieden Kräutern aus, sie gedeihen gut und werden von den Händlern am Hafen an die Touristen verkauft. Als Nutztiere werden Esel und Ziegen gehalten. Es gibt verschiedene Wege, sie enden manchmal unvermittelt. Einmal geht unser Pfad in ein ausgetrocknetes Flussbett über, eine Art Klamm, der Fluss hat sich von der Hochebene aus seinen Weg zum Meer gesucht. Auf einem Abstieg durch Geröll und Felsen sind wir nicht vorbereitet. Unterwegs sehen wir ein Ziegengerippe. Wir sind heilfroh, als wir das sichere Ufer erreicht haben.
Gelegentlich treffen wir andere Touristen, die auch ein paar

Tage auf der Insel verbringen. Wir geben uns Tipps zu Wandermöglichkeiten und Sehenswürdigkeiten.

Wenn nach 16 Uhr die Ausflugsschiffe den Hafen verlassen

haben, kehrt Ruhe ein. Einige Gasthäuser schließen für ein paar Stunden und öffnen erst am Abend wieder. Es wird gesagt, dass die Wirte am Abend die besseren Weine hervorholen. Das geschäftige Treiben des Nachmittags ist vorüber, das Leben hat wieder einen anderen Rhythmus. Am Abend mischen sich die Inselbewohner, zu denen auch eine bunte Gruppe von Aussteigern gehört, mit den ausländischen Gästen.

Eines der eher unscheinbar aussehenden Häuser am Hafen, das man für ein Lager- oder Speicherhaus halten könnte, verwandelt sich am Abend in ein beliebtes Speiserestaurant. Der Wirt stellt dann ein paar einfache Tische und Stühle direkt an der Hafenkante auf. Einerseits hört man die Wellen gegen die Hafenmauer schlagen, andererseits fahren jetzt die jungen Männer von Symi auf ihren Motorrollern auf der Straße zwischen dem Restaurantgebäude und den Tischen lautstark hin und her. Der Inhaber hat als Koch in Kopenhagen gearbeitet, seine Gerichte unterscheiden sich von der traditionellen griechischen Küche. Er hat eine besondere Geschäftsidee: Man bestellt eine Reihe von kleinen Gerichten, die er selbst zusammenstellt, sagt Bescheid, wenn man nichts mehr möchte und bezahlt das, was man gegessen hat.

Eine andere Idee hatte ein Kraftfahrzeugmechaniker: Er stellt mit seinem alten Kleinbus eine Verkehrsverbindung vom Hafenort zur Oberstadt her. Er fährt tagsüber alle ein bis zwei Stunden, an 364 Tagen im Jahr. Der einzige freie

Tag ist der Heiligabend. Er erzählt uns, dass er wenigstens für eine seiner drei Töchter sich einen Kraftfahrzeugmechaniker als Ehemann wünsche, so dass das private Busunternehmen auch in Zukunft existieren könne.

Als wir die Insel am Freitag mit dem Ausflugsboot wieder verlassen, nehmen wir uns vor, noch einmal herzukommen.

Rosen

Rosen,
blutrotes Feuer,
üppige Fülle,
verschwenderisch.

Teerosen,
leuchtendes Gelb,
ihr Duft
wie der Garten der Kindheit.

Zwischen Steinen am Strand
wilde Rosen,
ihr Zauber
vergänglich.

Dann am Ende
weiße Rosen.

Zum Abschied
für immer.

Herbstzeitlose

Herbstzeitlose –
violette Blüten auf Wiesen,
wenn die Sonne tiefer steht.

Herbst - Zeit des Wandels –
sich des Sommers erinnern –
Zeit des Übergangs.

Zeit haben –
Zeit verschenken –
zeitlos sein.

Wegwarte

Am Straßenrand die Wegwarte
Leicht übersehbar
Unscheinbar.

Beim näheren Hinsehen
Warten in hellem Kobaltblau
Anmutige Blüten am Weg.

Mohn

Klatschmohn
rauschhaftes Rot
gemalt
besungen
vergängliche Pracht

Blume der Schlachtfelder
blutrote Blütenblätter
Boten des Todes

verweht
vom Wind.

Eine Rose im Dezember

Eine Rose im Dezember:
rot, grazil, vom Regen glänzend,
leise strahlend, stolz, mit Anmut,
nicht mehr prachtvoll und mit Kraft,
einzeln, einsam und inmitten
kahler Sträucher, Tannengrün.

Als Erinn'rung an den Sommer
scheint die Zeit noch stillzustehn.

Ihre Blätter wird der Wind verwehn.

Die bunten Federn – ein modernes Märchen

Mit einer Krücke gehe ich durch eine Straße in der Bonner Südstadt. Es ist ein Herbsttag, die Sonne scheint, das Laub der Bäume ist schon licht geworden. Auf einmal landet eine Feder vor meinen Füßen. So eine Feder habe ich noch nie gesehen, ich will sie aufheben und meiner Enkelin Elisa zeigen. Die Feder ist ganz bunt, sie hat rote, blaue, gelbe und grüne Streifen.

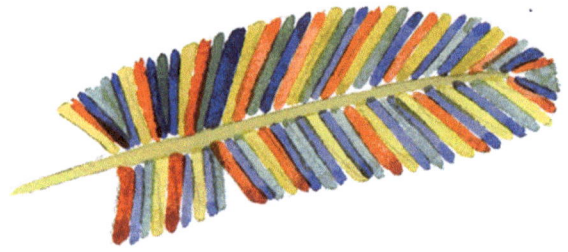

Ich schaue nach oben in die Krone einer Kastanie, die Blätter leuchten gelb. Auf einem Ast sehe ich eine Krähe. Aber was für eine Krähe ist das? Ich kenne die Saatkrähen und die Rabenkrähen, beide sind kohlpechrabenschwarz. Außerdem gibt es noch die Nebelkrähe, aber die ist eher grau. Krähen mit bunten Federn gibt es doch überhaupt nicht. Da setzt die Krähe zum Flug an und landet auf einem Gartenzaun neben mir.

„Hallo, ich bin Kitty. Wie heißt du?", krächzt sie. Seit wann können Krähen sprechen? Die menschliche Sprache nachahmen können doch eigentlich nur Papageien.

„Ich heiße Hanna und ich kann nicht gut laufen, weil ich einen Unfall hatte." Ich erzähle die Geschichte, die ich selber nicht mehr hören möchte, und Kitty lauscht aufmerksam.

„Wir haben eine Gemeinsamkeit", behauptet Kitty, „denn wir sind beide vom Pech verfolgt. In meiner Familie wurde ich bisher nur „Kitty die Unglückskrähe" genannt. Das mit dem Unglück fing bei mir schon ziemlich früh an, als ich noch im Nest saß.

Ich habe zwei wilde Brüder, Fridolin und Felix. Sie zankten sich immer um die besten und fettesten Würmer, die unsere Mama uns von ihren Ausflügen mitbrachte. Ich bekam meistens erst dann etwas, wenn die beiden schon satt waren. Eines Tages kämpften sie wieder einmal so wild, dass die Federn nur so flogen. Aber nicht nur die Federn flogen, sondern auch ich segelte aus dem Nest und landete sehr unsanft in einem Garten. Mein Fuß tat mir weh. Wie sollte ich jetzt wieder mit Schwung losfliegen? Ich hatte gerade erst das Fliegen gelernt, ich war bisher von Ast zu Ast gehüpft. Nun lag ich auf einem Blumenbeet mit gelben Tulpen. Ich sah, wie sich Timmy, der schwarze Kater von nebenan, leise anschlich. Ich nahm all meine Kraft zusammen und hüpfte auf den nächsten Johannisbeerstrauch, dann auf einen Apfelbaum, dann auf einen Kirschbaum und landete schließlich mit letzter Kraft wieder in unserem Nest. Fridolin und Felix hatten in der Zwischenzeit ein so lautes Geschrei veranstaltet, dass es der Kater vorzog, wieder nach Hause zu gehen und sich den Mäusen zuzuwenden."

„Da hattest du ja wirklich noch einmal Glück gehabt", bemerke ich.

„In der Nacht träumte ich dann, dass mich eine Fee besuchte und mir sagte, dass ich in Zukunft gut auf mich aufpassen sollte. Bevor sie ging, schenkte sie mir eine bunte

Feder. Und stell dir vor, als ich am nächsten Morgen aufwachte, hatte ich am rechten Flügel eine Feder in leuchtenden Farben", erzählt Kitty.

„Aber die Geschichte war nicht das einzige Unglück, das ich erlebt habe. Als ich schon ganz gut fliegen konnte, überredeten mich meine Brüder zu einem Ausflug um die Häuser. Wir spielten abwechselnd Fangen und Verstecken. Natürlich waren meine Brüder immer schneller als ich und sie kannten auch die besseren Verstecke. Hinter dichten Hecken oder in Hauseingängen waren sie kaum zu finden. Plötzlich hörte ich einen dumpfen Schlag, ich war gegen eine kalte Fläche geflogen. Mir wurde schwindelig, ich verlor das Bewusstsein. Als ich wieder aufwachte, merkte ich, dass ich auf dem Rücken lag. Was war passiert? Ich hatte eine große, blank geputzte Fensterscheibe nicht gesehen. Solche Glasscheiben sind schon vielen Vögeln zum Verhängnis geworden. Mir tat diesmal alles weh. Ich konnte nur noch ganz leise krächzen.

Da öffnete sich eine Tür und ein kleiner Junge mit einer blauen Hose und einem gelben Pulli kam heraus. Er guckte mich an und er merkte, dass ich noch lebte. Dann ging er zurück ins Haus und kam mit etwas Wasser in einer weißen Untertasse wieder. Er nahm mich vorsichtig in die Hand und stellte mich auf die Füße. Das Wasser schmeckte richtig gut. Nach einer kleinen Erholungspause war mein Kopf wieder klar und ich setzte meinen Flug fort. Felix und Fridolin hatten mich wohl aus den Augen verloren, sie waren lange vor mir zu Hause.

In der darauf folgenden Nacht erschien mir noch einmal im Traum die Fee, wieder ermahnte sie mich, in Zukunft vorsichtiger zu sein. Als ich am nächsten Morgen aufwachte, entdeckte ich eine zweite bunte Feder."

„Aber du hast überall bunte Federn", bemerke ich.

„Aller guten Dinge sind drei, war ein Lieblingsspruch meiner Oma", sagt die Krähe. „Mein letztes Unglück war wirklich schlimm und es hätte mich beinahe Kopf und Kragen gekostet. Damals war ich mit Rudi unterwegs. Rudi ist ein Rabe, er hat die schönsten schwarzen Federn, die man sich nur vorstellen kann. Besonders mutig ist er auch, er fliegt über die höchsten Bäume und über die höchsten Häuser.

An einem schönen Sommertag saßen wir auf dem Dachfirst eines alten Hauses. Um einen noch besseren Ausblick zu haben, machten wir es uns auf dem Schornstein gemütlich. Aus dem Schornstein kam kein Rauch, denn es wurde nicht geheizt. Neugierig wie ich bin, wollte ich mal gucken, was in dem Schornstein drin ist und bevor ich lange nachdenken konnte, sauste ich schon in die Tiefe. Rudi krächzte, so laut er konnte, aber das half mir nichts. Ich landete auf einem Absatz im Schornstein, es war wohl auf der Höhe des Wohnzimmers einer Familie.

Im Wohnzimmer war gerade ein Kaffeekränzchen, ich hörte mehrere Damen laut durcheinander reden. Sie lobten den Kuchen und unterhielten sich über einen Liebesfilm, den die meisten gesehen hatten. Eine der Frauen hieß Frau Rot, eine andere Frau Grün. Ich stellte fest, dass Kaffeetanten noch lauter sein können als Krähen und Raben, und die sind ja bekanntermaßen nicht die Leisesten.

Plötzlich rief eine der Damen: „Huch, was ist das denn?

Habt ihr vielleicht Ratten im Haus? Ich höre da so ein merkwürdiges Geräusch."

Es wurde wieder ziemlich laut und die Frauen versuchten herauszufinden, woher das Geräusche kommt. Eine der Damen verließ fluchtartig die Kaffeegesellschaft. Später kehrte wieder Ruhe im Haus ein und ich wurde müde. Zwei Tage und zwei Nächte blieb ich auf der Stelle sitzen, ich war hungrig und durstig. Schließlich war ich so erschöpft, dass ich weiter in die Tiefe fiel, jetzt war ich im Keller gelandet. Aber dann hatte ich doch noch Glück, ich hörte Schritte im Heizungskeller und schlug noch einmal wild mit den Flügeln. Ein freundlicher älterer Mann öffnete die Klappe und brachte mich aus dem Keller auf die Wiese. Er stellte mir Wasser und Vogelfutter hin. Das Wasser trank ich hastig leer, auch das trockene Vogelfutter schmeckte richtig lecker. Und das Schönste war, dass Rudi über dem Garten kreiste und neben mir landete. Ich brauchte noch eine Weile, bis ich mich wieder erholt hatte.

In der Nacht erschien mir wieder die Fee im Traum. Sie sagte mir, mein letzter Ausflug hätte böse enden können. Da ich aber wieder so viel Glück gehabt hätte, sollte ich nicht länger „Unglückskrähe" genannt werden, sondern „Glückskrähe". Sie wolle nun auch noch zu meinem Glück beitragen und mir einen Wunsch erfüllen. Weil mir die beiden bunten Federn gut gefielen, wünschte ich mir noch mehr davon. Und als ich am nächsten Morgen aufwachte, hatte ich dieses neue Federkleid."

„Du bist die schönste Krähe, die ich je gesehen habe", sage ich zum Abschied. „Wenn ich Elisa diese Feder gebe, werde ich von dir erzählen."

„Grüße Elisa von mir", ruft sie noch, „ich hab´s eilig, Rudi wartet auf mich", und dann fliegt sie wieder hoch in die Luft.

Die schwarzen Tage

Da oben der Himmel
Bin ich der Sonne zu nahe?
Da unten das Meer
Um meine Brust ein Ring aus Eisen
Das Leben ist unendlich schwer
Meine Hände greifen ins Leere
Meine Füße haben keinen Halt
Haben die Wellen des Wassers die Flügel beschwert?
Stürze ich wie Ikarus in die Tiefe?
Bin ich allein?
Sieht sich jemand nach mir um?
Fängt mich jemand auf?

Ich bin ganz leicht –
Federn treiben auf dem Wasser.

Graue Tage

Regen rinnt an Fensterscheiben
Nebel hüllt die Stadt ganz ein
vor dem Haus die Blätter treiben
und ich fühle mich allein.

Denk zurück an's Strandcafé
Wo bist du? Kein Brief von dir –
Heute gibt es Kräutertee
und ich bin allein mit mir.

Sehnsucht – Blaue Tage

Ich wünschte, ich hätte ein blaues Klavier
und könnte auch darauf spielen.
Die Träume, die Tränen, sie kämen zu dir,
du hörtest mich da, wo du jetzt gerade bist
und würdest dasselbe fühlen.

Ich kann nicht spielen, doch malen kann ich
und ich nehme die schönsten Farben:
Das Kobalt vom Himmel,
Marine vom Meer,
das Blau von den Kuppeln der Kirchen.
Vom Lapis das Blau,
von den Blumen am Weg
und von den Schatten am Abend.

Ich versinke im Blau.
Es ist, als ob ich zerfließe.

Tage in Rot

Nimm das Rot vom Regenbogen,
eine Rose aus Papier,
rotes Kleid und rote Schuhe,
und ich geh zum Tanz mit dir.

Glutrot geht die Sonne unter –
ein letztes Stück auf dem Klavier –
der Himmel wird noch einmal bunter –
und mir bleibt: eine Rose aus Papier.

Gelbe Tage

Ich schwebe auf Wolken
Alles ist leicht
Wärme umhüllt mich
Hier der Duft der gelben Rosen
Der Vögel immer wiederkehrender Gesang
Der Wind in den Bäumen, in meinem Haar
Dort ein reifes Rapsfeld
Du kommst mir lachend entgegen
Die Welt spiegelt sich in deinen Augen
Wir gehen ein Stück zusammen
Ich spüre nicht den Boden unter meinen Füßen.

Der Weg scheint unendlich
Wir vergessen die Zeit.

Der Clown

Ich bin ein Clown. Mein Gesicht ist weiß geschminkt. Ich habe eine rote Nase und einen lachenden roten Mund. Ich trage eine rote Perücke. Einen Künstlernamen habe ich mir auch zugelegt, aus Karl-Heinz wurde Carlos.

Wenn ich morgens in den Spiegel schaue, sehe ich ein lustiges Gesicht – aber dahinter verbirgt sich mein eigenes.

Ein Freund gab mir vor einigen Jahren den Rat, mich in einen Clown zu verwandeln. „Du wirst sehen, wenn du das Gesicht eines Clowns im Spiegel siehst, geht es dir gleich viel besser."

Das war damals, als ich meine Arbeit verlor. Einen Buchhalter mit fünfundfünfzig Jahren brauchte keiner mehr.

„Sie haben noch so viele Chancen", sagte mir mein Chef.

Ich erhielt eine kleine Abfindung, das war's dann. Beim Arbeitsamt galt ich als schwer vermittelbar. Schließlich landete ich bei Hartz IV.

Wenn ich morgens aus dem Haus gehe, drehen sich meine Nachbarn nicht mehr nach mir um. An der Haltestelle oder in der Straßenbahn ist das etwas anderes.

„Ist denn schon wieder Karneval?", zischt es hinter meinem Rücken.

Nein, es ist noch nicht Karneval, es ist erst Januar, ich stehe hier im Schnee und spüre, wie die Kälte langsam an mir hochsteigt. Die Bahn hat Verspätung.

„Bist du ein echter Clown?", fragt mich ein etwa fünfjähriges Mädchen mit langen dunkelblonden Locken, das in der Bahn neben mir steht. Sie zupft mich am Ärmel und sieht mich mit großen Augen an.

„Ja klar", sage ich.
„Und wo fährst du jetzt hin?", will das Mädchen wissen.

„Ich fahre ins Kinderkrankenhaus, um die Kinder zum Lachen zu bringen."

„Ach so", sagt das Mädchen. „Kannst du mich nicht auch mal besuchen? Nächsten Mittwoch habe ich Geburtstag, da könntest du doch kommen."

Die Mutter des Mädchens versucht, ihre Tochter etwas wegzuziehen, aber das Mädchen ist beharrlich. „Wir wohnen in der Heinestraße 30", ruft das Mädchen noch, bevor sie mit ihrer Mutter aussteigt.

Belustigt über meinen Anblick stößt eine ältere Dame mit altmodischem Hut ihre neben ihr sitzende Freundin an: „Guck dir den mal an!"

Dann kommt meine Haltestelle, der Weg zum Krankenhaus ist mir inzwischen vertraut, vorbei an dem türkischen Lebensmittelladen und der Eckkneipe.

Auf der Station werde ich erwartet. „Die Kinder freuen sich schon auf Sie", begrüßt mich Schwester Sabine.

Die Kinder, die aufstehen können, haben sich in einem Raum mit Spielsachen versammelt.

„Endlich bist du da, Carlos, wir haben auf dich gewartet", ruft ein Junge.

„Die Bahn hatte Verspätung", sage ich zu meiner Entschuldigung und packe meine Zauberutensilien aus der Tasche.

Der Trick mit dem Kaninchen und dem Zylinder funktioniert: Immer schneller kommt das Kaninchen aus dem Zylinder, immer schneller verschwindet es auch wieder. Gebannt verfolgen die Kinder die Bewegungen.

„Der Osterhase", ruft ein Mädchen, darüber fängt ein anderes Mädchen an zu lachen, bald lacht die ganze Gruppe.

Das Lachen ist ansteckend, ich muss selber so lachen, dass sich ein paar Tränen ihren Weg über die weiße Schminke bahnen.

Ich mache weiter mit meinen Zaubertricks, stecke mir viele farbige Tücher in die Jackentasche und hole die aneinandergeknoteten Tücher aus meinem Ärmel. Es folgen noch ein paar Kartentricks, ich jongliere mit bunten Bällen. Dann werfe ich den Kindern die Bälle zu, es gibt ein wildes Durcheinander beim Fangen und Werfen. Sie laufen hin und her, einige sind außer Atem, setzen sich wieder auf ihre Stühle. Es ist ruhiger geworden.

„Aber in echt zaubern kannst du nicht", sagt ein Junge, der wegen einer Chemotherapie seine Haare verloren hat. „Sonst hättest du die Annika wieder gesund gemacht. Die ist nämlich letzte Nacht gestorben."

Es ist ganz still im Raum. Ich sehe Annika vor mir, ein achtjähriges Mädchen, das an Leukämie erkrankt war. Die Ärzte hatten alles versucht, um ihr Leben zu retten.

„Annika ist jetzt ein Engel, hat Schwester Sabine gesagt", flüstert ein Mädchen.

„Ein richtiger Engel", „mit Flügeln", rufen zwei andere Mädchen.

Ein Mädchen geht durch den Raum und macht mit ihren Armen Bewegungen wie ein Vogel. „Vielleicht werde ich auch ein Engel", sagt sie.

„Engel haben blonde Haare, goldene Flügel und lange weiße Kleider", sagt ein anderes Mädchen.

„Können Jungen auch Engel werden?"

„Nein, nur Mädchen, du Dummi."

Das Thema „Engel" interessiert die Kinder, sie reden laut durcheinander.

Nachdenklich verabschiede ich mich.

Wie ein Vogel

Vogelfederleicht
meine Flügel schillernd
in allen Farben
kann ich fliegen
alles Schwere hinter mir lassen
vom Boden abheben
spüre ich kein Gewicht.

Mit kraftvollen Schwingen
dem Blau des Himmels entgegen
die Lasten abwerfen
ein Blick nach unten
Dinge werden undeutlich
verschwimmen, verschmelzen.
Die Perspektive wechselnd
gleite ich dem Horizont entgegen.

Traum

Ich habe geträumt von Dir
Du hättest getanzt mit mir
Doch Du bist nicht hier
Die Uhr zeigt jetzt vier.

Ich denke an Dich
und Du auch an mich?
Die Rosen noch frisch
die Erinn'rung an Dich.

Treppenstufen

Vor mir eine Treppe
ich sehe nur den Anfang –
das Ende im Nebel
beginne mit der ersten Stufe –
sie ist steil, rau
eine zweite, dritte
die Stufen sind zu hoch
ich stürze ab
von vorne beginnen
nicht aufgeben
es geht bergauf
ein Stück des Weges habe ich zurückgelegt
bin außer Atem
brauche alle Kraft.

Die Stufen sind jetzt flacher, glatter
es geht leicht
die Konturen werden klarer
die Farben heller
der Nebel lichtet sich.

Frieden – mit wem?

„Frieden auf Erden…"
Ein frommer Wunsch?
Kann er verwirklicht werden?

Völker führen Kriege.
"Aug' um Auge, Zahn um Zahn…"
Am Ende zählen Siege.

Man ehrt als Helden die Toten,
die für das Vaterland sterben.
Gräber, Kreuze, Steine und Gras –
kann man auch für den Frieden werben?

„Frieden schaffen ohne Waffen!"
Wir trauen unserm Gegner nicht,
ist er doch hoch gerüstet,
er ist und bleibt der Bösewicht.

Ich kann den Frieden wünschen, ihn verlangen.
Aber:
Ich muss bei mir selbst anfangen.

Das Jahr

Siehst du das Rot der Astern?
Es mischt sich mit der Reseden Grün
Spürst du das Brennen der Sonne
und der Farben Glühn?

Das Jahr schreitet weiter in Eile
die Wiesen sind schon gemäht
der Hafer ist schon geschnitten,
den der Bauer im Frühjahr gesät.

Der Herbst färbt die Wälder, die Bäume
die Trauben reifen am Hang
obwohl ich vom Sommer noch träume
wirbeln Blätter die Straße entlang.

Der Schnee bedeckt jetzt die Felder
Der Winter naht mit Schwermut und Sorgen
Es ruhen Wiesen und Wälder
Ich denke nicht gerne an morgen.

Ich lasse das Jahr vorüberziehn
genieße die Stille, den Wein
vor mir selber kann ich nicht fliehn
ich bin mit mir allein.

Wenigstens

Wenn ich alt bin,
möchte ich
wenigstens
in der Sonne sitzen,
die Blumen sehen,
ein Zimmer mit Bildern haben,
einen Menschen an meiner Seite wissen,
eine vertraute Stimme hören,
keine Schmerzen spüren,
das Lesen und Schreiben nicht vergessen,
das Lachen nicht verlernen,
meinen Feinden vergeben,
die Liebe nicht begraben,
den Himmel sehen,
jemand haben, der meine Hand hält.

Wenigstens?
Wenigstens!

Leichtigkeit

Ich wollte leicht sein in diesem Leben
das Schwere nicht spüren
vom Boden abheben
über den Wolken schweben
von dort aus Wege sehen,
die zum Ziele führen.

Veröffentlichungen von Hanna Rein

Zufall oder nicht? Geschichten von Begegnungen – aber auch von Kunst und Mode. Mit dreizehn Aquarellen der Autorin, Books on Demand, 2014, ISBN 978-3-7322-9756-6

Beiträge in Anthologien

Das Glück (Gedicht) in: Menschen im Glück, Elbverlag, 2009, ISBN 978- 3-941127-02-9

Sehnsucht – Blaue Tage, Verliebt sein – Gelbe Tage (Gedichte) in: Liebe…und Liebe lassen, polamedia, Books on Demand, 2009, ISBN 978-839-13218-0

Schutzengel (Gedicht) in: Engel für unsere Zeit, topos taschenbücher, 2009, ISBN 278-3-8367-0693-3

Der Weihnachtsstern (Gedicht) in: Frohe Weihnacht im Herzen, Band 2, Elbverlag, 2009, ISBN 978- 3-941127-04-3

Erinnerung an eine Schülerin (Gedicht) in: Das Maulwurfherz poch", Papierfresserchens MTM – Verlag, TOMA – Edition, 2010, ISBN 978-3-86196-000-3

Der Überraschungsgast (Kurzgeschichte) in: Weihnachtslust…oder Weihnachtsfrust, polamedia – Verlag, 2010, ISBN 978-3-9813903-1-5

Gibt es den Osterhasen? (Erzählung für Kinder) in: Wie aus dem Ei gepellt, Papierfresserchens MTM – Verlag, 2011, ISBN 978-3-86196-050-8

Kitty und Rudi (Erzählung für Kinder) in: Ich und Du – Herzgeschichten für Kinder und Jugendliche, Papierfresserchens MTM – Verlag, 2011, ISBN 978-3-86196-096-6

Das Burggespenst (Erzählung für Kinder) in: Wo die wilden Geister wohnen, Papierfresserchens MTM – Verlag, 2012, ISBN 978-3-86196-150-5

Das Leben geht weiter" (Gedicht) in: Solang das Rad der Zeit sich dreht, Papierfresserchens MTM – Verlag, TOMA – Edition, 2012, ISBN 978-3-86196-182-6

In der Drachenschule (Erzählung für Kinder) in: Wie das Papierfresserchen zu seinem Namen kam, Papierfresserchens MTM – Verlag, 2012, ISBN 978-3-86196-186-4

Mein Luftschloss: Ein kleines Haus am Meer (Prosatext) in: Luftschlösser, Papierfresserchens MTM – Verlag, TOMA – Edition, 2012, ISBN 978-3-86196-107-9

Traumhochzeit – Nicht mit uns (Kurzgeschichte) in: Verliebt, Verlobt, Papierfresserchens MTM. – Verlag, TOMA-Edition, 2013, ISBN 978-3-86196-202-1

Veröffentlichung im Internet

Handtaschengeschichten (Prosatext) unter:
www.barbaraclemens.de/handtasche/handtaschengeschichten.html

Brief an meine Enkelin (Prosatext) unter:
http://www.lizzynet.de/41251364.php

Veröffentlichung in einer Zeitung

Kunst und Kochkunst (Prosatext) in:
Kölner Stadt-Anzeiger Magazin 15/16. 01. 2011, S. 29